토익 만점 카투사도 안 들리는
미국 뉴스 학습 노트

토익 만점 카투사도 안 들리는 미국 뉴스 학습 노트

발행일   2026년 4월 29일

지은이   꿈꾸는 개츠비
펴낸이   손형국
펴낸곳   (주)북랩

출판등록 2004. 12. 1(제2012-000051호)
주소   서울특별시 금천구 가산디지털 1로 168, 우림라이온스밸리 B동 B111호, B113~115호
홈페이지 www.book.co.kr
전화번호 (02)2026-5777   팩스   (02)3159-9637

ISBN   979-11-7598-211-6 13740 (종이책)   979-11-7598-212-3 15740 (전자책)

작가 연락처 문의 ▸ ask.book.co.kr

전용 게시판에 문의를 남기시면 저자에게 직접 전달됩니다.

(주)북랩 성공출판의 파트너

북랩 홈페이지와 SNS에서 다양한 출판 솔루션을 만나 보세요!

홈페이지 book.co.kr   •   블로그 blog.naver.com/essaybook   •   출판문의 text@book.co.kr
카톡채널 북랩

토익 만점 카루사도 안 들리는 미국 뉴스 학습 노트

꿈꾸는 개츠비 지음

 북랩

필자는 한국에서 영어 공부를 많이 한 사람들에게서 흔하게 나타나는 프로토타입 대부분을 가지고 있습니다.

어려서는 선행 학습으로 성문종합영어를 외웠고, 군대는 카투사를 다녀왔고, 취업을 위해 토익 시험을 봤고, 회사 다니면서 미국을 포함한 여러 나라에서 근무하면서 읽고, 쓰고, 듣고, 말하기를 계속했습니다.

영어 프레젠테이션을 해보니 의외로 재밌고, 생각보다 결과가 좋았습니다. 한국어 발표는 모국어라 완벽하게 준비하지 않지만, 영어 발표는 전체를 외우고 들어가니 실패보다는 성공했던 기억이 많았던 것 같습니다. 사전 준비된 스크립트 없이 외국인들과의 회의도 영어로 매끄럽게 진행할 수 있습니다. 한국에서 나고 자란 사람들 중에서 영어 활용 능력을 평가한다면 꽤 높은 수준이지 않을까 자부합니다.

그런데도 저는 지금도 미국 뉴스를 들으면 100% 이해하지 못합니다. 영화도 자막 없이는 80% 정도 이해하는 것 같습니다. 에이전트 스미스와 모피어스의 발음이 명확한 「매트릭스 1편」 같은 영화는 90%는 들리는 것 같습니다만, 토니 스타크와 토르의 농담들은 따라가기 어렵습니다.

안 들리는 뉴스를 10번 반복해서 들어보면 한 번 안 들리는 건 결국 안 들리는 경우가 많습니다. 경험이 있으시겠지만, 몰라서 안 들리는 경우가 대부분입니다. 아는 단어인데 빨라서 못 듣는 경우는 거의 없습니다.

이 책은 개인적인 학습의 기록이고, '이렇게까지 하면 뉴스가 다 들리고, 말하기와 글쓰기가 원어민과 비슷해지지 않을까' 하는 개인적인 오기의 기록입니다.

미국 뉴스가 100% 이해가 안 되는 주요 원인인 모르는 단어, 관용구(idiom), 못 쓰거나 안 쓰는 영어식 표현들, 나중에 말할 때와 글 쓸 때 활용할 만한 문장 유형을 기록해 봤습니다.

뉴스는 「NBC Nightly News」와 일요일마다 하는 「Meet the Press」를 기본으로 하고, 미국 발음이 지겨울 때는 「BBC World News」도 들어보고, 지미 펠론의 「The Tonight Show」에서 코미디와 좀 더 구어적인 표현들도 살펴봤습니다.

뉴스만으로는 지겨우니 장면 장면이 아직도 생생한 「Avengers: End-Game」, 소싯적에 통으로 외우려고 몇 번을 시도했던 「I have a dream」 연설문, 고전 소설인 『The Great Gatsby』에서도 주옥같은 표현들을 발췌해 봤습니다.

저자가 이 책에서 정리한 내용들은 소위 '유용한 표현들 100선'과 같은 책처럼 중요도 순위를 매길 수도 없고, 그럴 의도도 없습니다. '이놈의 뉴스들이 도대체 왜 안 들리는지, 이 사람들이 사용하는 고상한 표현들은 어떤 것이 있는지' 1년여 시간 동안 눈과 귀를 열고 학습한 기록입니다.

영어를, 외국어를, 그리고 외국어를 통해 낯섦을 습득하는 것을 애정하는 분들에게 일독해 볼만한 자료가 되기를 희망합니다.

aptent quis tempor urna quis sagittis. Litora venenatis neque consectetur auctor nibh laoreet. Dui efficitur non elementum ullamcorper auctor cubilia. Nullam parturient hendrerit volutpat parturient pretium posuere litora iaculis nostra risus litora posuere sed!

Elementum interdum vel suscipit nullam mus torquent vel viverra. Leo ut justo consectetur odio penatibus. Ex ullamcorper sed sit sodales gravida? Feugiat felis laoreet aptent odio modo sociosqu morbi. Urna semper ac vel massa pellentesque iaculis proin.
per urna dignissim magnis modo suscipit sed suscipit proin sed

목차

들어가며   4

단어·표현 리스트   8

1. 몰라서 안 들리는 단어, 구문

1) 정치   18

2) 트럼프   81

3) 법정   97

4) 전쟁   105

5) 사건, 사고   113

6) 코미디, 영화, 문화   136

7) 기타, 날짜별   143

2. 말할 때, 글 쓸 때 활용할 만한 표현들

1) 문장을 연결하는 관계사   198

2) 영어스러운 단어들, 표현들   208

3) 기타, 날짜별   220

부록

하나. 「Avengers: EndGame」이 안 들렸던 이유들   248

둘. 「I have a dream」 반복과 변주   294

셋. 『The Great Gatsby』 음미하기   300

1. 몰라서 안 들리는 단어, 구문

1) 정치

1 entitlement	**2** sour	**3** caucus	**4** sugarcoat	**5** generic ballot
6 endplay	**7** one-off	**8** disarray	**9** catapult	**10** ramification
11 writ large	**12** identify	**13** coalesce	**14** underwater	**15** encapsulate
16 flank	**17** irrespective	**18** albeit	**19** pushing	**20** take your eye off the ball (prize)
21 generically	**22** nondescript	**23** optics	**24** double down	**25** boogeyman
26 B-roll	**27** jeer	**28** anemic	**29** incentivize	**30** A rising tide lift all boats.
31 north of something	**32** due south	**33** hawk	**34** liken	**35** on a dime
36 end all, be all	**37** dissent	**38** gridlock	**39** fixation	**40** voterama
41 expeditious	**42** expedient	**43** facet	**44** jam-packed	**45** fear-mongering
46 flank	**47** pull the show	**48** ill-timed	**49** at the behest of	**50** live up to
51 headwind	**52** heighten	**53** stakes	**54** ascendancy	**55** underwater
56 90 yard dash	**57** not of our making	**58** co-equal	**59** shadow docket	**60** Posse Comitatus
61 bluster	**62** all cap	**63** meme	**64** deviancy	**65** put a mirror up

66 anxiety on edge	**67** semblance	**68** batten down the hatches	**69** success leaves clues	**70** outsized
71 call out	**72** condone	**73** that suggest otherwise	**74** takeaway	**75** redact
76 resolute desk	**77** double down	**78** sedition	**79** eat it up	**80** capsize
81 incapacitate	**82** exonerate	**83** make a moun-tain out of a molehill	**84** opine	**85** repugnant
86 scourge	**87** blatant	**88** carousel	**89** detachment	**90** parallel
91 on his back heels	**92** blooper	**93** con	**94** hex	**95** hoax
96 gallivant	**97** gad about	**98** bridge payment	**99** backtrack	**100** redaction
101 perpatrate	**102** sordid	**103** lo and behold	**104** out of blue	**105** out of thin air
106 pursuant to	**107** statute	**108** sparingly	**109** start us off~	**110** walk us through
111 brandish	**112** split second	**113** pummel	**114** backdrop debate	**115** collateral damage
116 fallout				

2) 트럼프

1 cap off	**2** photo-op	**3** slew	**4** retention	**5** deranged
6 hot mic	**7** as crazy as it sounds	**8** hoax	**9** redundant	**10** parallel
11 decimation	**12** vulnerable	**13** appreciative	**14** egregious	**15** drawdown
16 drill down	**17** the likes of which	**18** stint	**19** rant and rave	**20** You will admit
21 Wouldn't you think ~	**22** end up being	**23** see A as B + 의문문	**24** consequential	

3) 법정

1 racketeering	**2** plea deal	**3** plead	**4** freak off	**5** concert
6 comb	**7** impassive	**8** aggravate	**9** regress	**10** hold someone in contempt

11 inadvertently

4) 전쟁

1 less of a + 명사	**2** sprawling	**3** rebuke	**4** tenuous	**5** all caps
6 profane	**7** go off script	**8** hail	**9** ramp up	**10** talk over

11 cold shoulder **12** unconscionable

5) 사건, 사고

1 stricken	**2** fuselage	**3** medevac	**4** readout	**5** gravity
6 stitch	**7** altercation	**8** unravel	**9** backlog	**10** linger
11 tangle	**12** buckle	**13** ledge	**14** wash up	**15** exacerbate
16 plume	**17** dub	**18** A turned B	**19** fashioned together	**20** supermax
21 inadvertent	**22** reckon	**23** if not	**24** heinous	**25** improvise
26 smolder	**27** vilification	**28** barrel	**29** definitive	**30** hail mary
31 taper off	**32** reeling			

6) 코미디, 영화, 문화

1 digression	**2** botched	**3** up in arms	**4** spooning	**5** rom-com
6 down to the wire	**7** chiclet	**8** vent	**9** ventriloquist	**10** demean
11 malapropism	**12** foreground	**13** root against		

7) 기타, 날짜별

1 grilled **2** cry foul **3** debunked **4** lampoon **5** on tap

6 oversight **7** fallout **8** condescend **9** ramp up **10** rip off

11 excruciate **12** despicable **13** turn someone's stomach **14** commutation **15** trove

16 gripped **17** unfathomable **18** Diveristy & Inclusion(D&I) Policy **19** forestall **20** impede

21 minuscule **22** perpetuate **23** ramification **24** tapped **25** smear

26 gotcha **27** sequential **28** wind up **29** sprawl **30** lone

31 expanse **32** whim **33** dole something out **34** downright **35** pneumonia

36 furlough **37** callous **38** whopping **39** ramp up **40** harrowing

41 float **42** tuck **43** bloated **44** revolt **45** revolting

46 move **47** motion **48** pen **49** laying into someone **50** brass

51 earshot **52** enough of a + 명사 **53** quid pro quo **54** sterling **55** rubber stamp

56 payout **57** emaciated **58** blindside **59** rescind **60** shred

61 foil **62** borough **63** fraudster **64** foreshadow **65** play out

66 thaw out **67** stroke of luck **68** pull your weight **69** putt around **70** uptake

71 hodgepodge **72** meticulous **73** punctilious **74** methodical **75** finicky

76 international waters **77** circumvent **78** flagrant **79** restitution **80** in plain sight

81 posthumous **82** writ large **83** preposterous **84** Canary in the Coal Mine **85** weigh in

86 harrowing **87** transcend **88** SNAP benefits **89** pathological **90** vindictive

91 vindicate **92** paycheck to paycheck **93** Anti-Semitism **94** aghast **95** Take flight

96 embrace **97** Egregious **98** slew

2. 말할 때, 글 쓸 때 활용할 만한 표현들

1) 문장을 연결하는 관계사

1 전치사로 끝나는 관계사절 **2** 관계사의 생략 **3** 종속절속 가정법

4 동명사 구문 **5** That being said **6** the likes of which

7 until proven otherwise **8** relative to **9** 구어체에서 that의 중복 사용

10 삽입구 I never would have **11** not... until after + 사건
imagined

2) 영어스러운 단어들, 표현들

1 referencing **2** out to **3** with(out) + 명사 + 현재(과거)
분사

4 the odds of ~ ing **5** dub **6** a neighbor of his

7 rule out **8** bring about **9** could not have been worse

10 necessity **11** strong **12** double down

13 to the enormity of **14** concern that **15** terminal
something

16 Him being able to **17** leading to

3) 기타, 날짜별

1 A turned B	**2** take someone by surprise	**3** catch someone off guard
4 any of its variants	**5** 부정어 + 조동사의 도치	**6** en route to
7 as to	**8** albeit	**9** 30 year low
10 adhere to	**11** at what it should be	**12** to some extent
13 chance	**14** outdo	**15** not to be outdone
16 outdo oneself	**17** 독립 분사구문 this being	**18** walk of life
19 hint at 또는 hint that	**20** in defiance of	**21** 다양한 that의 생략
22 구어체에서의 that의 중복	**23** rule out	**24** the fact of the matter
25 이중 부정, 반복되는 가정법, 긴 삽입구	**26** instance where	**27** Not that I know of
28 with 분사 구문	**29** to one's liking	**30** to say the least
31 justification	**32** dismissal with leverage	**33** come to
34 to be advised	**35** short of something	**36** tap out ceremony
37 이중 부정	**38** pick up	**39** derail
40 tout	**41** taunt	**42** give someone grief
43 vent	**44** break the mold	**45** unprecedented
46 I suppose, I don't suppose	**47** the way that	**48** calculus
49 is it not?	**50** pie in the sky	**51** necessitate
52 oh blank moment	**53** tit for tat	

부록

하나. 「Avengers: EndGame」이 안 들렸던 이유들

1 run its course	**2** pull off	**3** grovel	**4** trump	**5** recon
6 crumple	**7** pod	**8** fluke	**9** time heist	**10** pipe dream
11 giddy	**12** stand	**13** talk shop	**14** mesh	**15** The brains and the brawn
16 amble	**17** duck face	**18** sheepish	**19** relent	**20** pack it in
21 invert	**22** eigenvalue	**23** pan out	**24** rendered	**25** to say the least
26 scramble	**27** flaunt	**28** recoil	**29** drive me bananas	**30** rough patch
31 wallow	**32** regardless	**33** hash out	**34** rabbit from hat	**35** improvise
36 lame	**37** as far as something go	**38** facing impossible odds	**39** bound down	**40** gratuitous
41 half-heartedly	**42** hurl	**43** jagged	**44** mandalas	**45** astral
46 lickety-split	**47** coterie	**48** scurry	**49** pelt	**50** six
51 strafe	**52** swoop	**53** Tableau	**54** negotiate	**55** head on a swivel
56 attache case	**57** make ten of them	**58** hitch	**59** lumber	**60** chunk
61 stairwell	**62** clavicle to the RT	**63** dicey	**64** dysrhythmia	**65** seize
66 clatter	**67** bash	**68** disregard	**69** grapple	**70** stamp on
71 duck	**72** I can do this all day	**73** hydrangeas	**74** pluck	**75** woozy
76 dawning on him	**77** unruly	**78** wretch	**79** yank	**80** colossal

81 quasi	**82** hexahedron	**83** green around the gills	**84** swell	**85** How far along is she?
86 outweigh	**87** rifle	**88** stew a while	**89** solve with a belt	**90** gratify
91 pick up the slack	**92** thrown	**93** hurl	**94** skip across	**95** tableau
96 pan	**97** finch	**98** parts the clouds	**99** flanked	**100** wrought
101 ratches open	**102** haul	**103** waver	**104** peer down	**105** woozy
106 lightning	**107** cape	**108** rabid dog	**109** fan out	**110** what was, what can be, what it has lost, what it has been given
111 teeming with	**112** snarls in pain	**113** set one's jaw	**114** plow	**115** strian
116 slug	**117** swivel	**118** veer	**119** binary	**120** list
121 lunge	**122** in a vise	**123** trip	**124** clip all the branches	**125** bum me out

둘.「I have a dream」반복과 변주

1 came as…	**2** one hundred years later…	**3** Refuse to…, have come to…, now is the time to…
4 Can never be satisfied as long as …	**5** I have a dream that …	**6** With this faith …

셋. 「The Great Gatsby」음미하기

1 "Whenever you feel like criticizing any one," he told me, "just remember that all the people in this world haven't had the advantages that you've had."

2 Reserving judgement is a matter of infinite hope.

3 If personality is an unbroken series of successful gestures, then there was something gorgeous about him, some heightened sensitivity to the promises of life,

4 He had one of those rare smiles with a quality of eternal reassurance in it,

5 I was within and without, simultaneously enchanted and repelled by the inexhaustible variety of life.

6 I could have sworn he was trembling. Involuntarily I glanced seaward—and distinguished nothing except a single green light, minute and far away, that might have been at the end of a dock.

7 But his eyes, dimmed a little by many paintless days under sun and rain, brood on over the solemn dumping ground.

8 The valley of ashes is bounded on one side by a small foul river, and when the drawbridge is up to let barges through, the passengers on waiting trains can stare at the dismal scene for as long as half an hour.

9 In his blue gardens men and girls came and went like moths among the whisperings and the champagne and the stars.

10 So we beat on, boats against the current, borne back ceaselessly into the past.

1

몰라서
안 들리는
단어, 구문

정치

「Meet the Press」[1] / March 16, 2025 / 트럼프 행정부 여론조사

> Most of the federal spending is **entitlements**. So that's like the big one to eliminate.

001. entitlement

권리/자격, 특권 의식, 정부 혜택 등 크게 세 가지 의미가 있습니다. 위 예문에서는 정부 혜택의 의미로 사용됩니다.

a government program that provides benefits to any individual meeting certain eligibility requirements

* He has an entitlement mentality, he expects the world to cater to his every whim. / 그는 특권 의식이 있어서 세상이 자기 기분을 다 맞춰주길 기대해.

확장 affirmative action

적극적 우대 조치로 해석됩니다. 역사적으로 차별을 받아온 소수 인종,

---

[1] NBC가 제작하는 미국의 대표적인 정치 시사 프로그램.

여성, 장애인 등에게 대학 입학, 취업, 공공 계약 등에서 실질적인 평등을 보장하기 위해 혜택이나 배려를 제공하는 정책을 말합니다. 미국에서 1960년대 민권 운동을 배경으로 도입되었습니다.

「미션 임파서블 3편」에서 'affirmative action'이 나오는 장면이 있습니다. 주인공 이단 헌트(톰 크루즈)가 영화 후반부에 중국에 인질로 잡혀 있는 상황에서, 원래 같은 편이던 IMF 국장 중 한 명이 빌런으로 드러나고, 이 빌런이 또 다른 IMF 흑인 국장(매트릭스에서 모피어스로 나온 로렌스 피시번이 연기)을 향해 'affirmative action poster boy'라고 비하하는 장면이 나옵니다. 이게 무슨 내용인지 이해가 안 되어 한참 찾아봤던 기억이 있습니다.

> President Trump is more popular than in his first term, but voters have **soured** on his handling of the economy, one of his signature issues.

002. sour

주로 '신', '시큼한' 맛을 뜻하는 형용사로, 레몬처럼 새콤한 맛을 표현할 때 사용됩니다. 또한 우유가 상했거나 사람의 태도가 뚱하고 시큰둥해질 때, 혹은 관계가 틀어지거나 좋지 않게 변할 때(동사) 등 부정적인 변화나 상황을 묘사할 때 쓰이는 단어입니다.

to become sour or to make something become sour

* Hot weather sours milk. Milk sours in hot weather. / 뜨거운 날씨는 우유를 상하게 한다.

On Friday, nine Democrats, led by minority leader Chuck Schumer and independent Angus King, who **caucuses** with them, voted with Republicans to advance a short-term spending bill to keep the government open.

003. caucus

미국 대선 후보 선출 과정에서 프라이머리(Primary, 예비선거)와 함께 양대 축을 이루는 당원 대회 방식의 투표 제도입니다. 일반 투표소에서 비밀 투표로 진행되는 프라이머리와 달리, 코커스(caucus)는 정당 가입자(당원)들이 특정 시간과 장소(학교 강당, 교회 등)에 모여 토론과 협의를 거쳐 후보를 지명하거나 대의원을 선출합니다. 후보별로 그룹을 지어 서거나 거수로 의사를 표현하며, 세력이 약한 후보의 지지자들이 다른 후보 진영으로 옮겨가는 등 역동적인 과정을 거칩니다. 예문은 동사로 사용된 사례입니다.

to be a member of a country's law-making group and meet with other members of your own or other parties to discuss and support a particular cause

* *The Senate was tied 49-49 between the two parties, with two independents caucusing with Democrats.* / 무소속 상원의원 2명이 민주당과 함께 당원대회를 치르면서 상원은 양 당간 49 대 49 동률을 이루었다.

> Today was a bad day for the country, and I won't **sugarcoat** it.

004. sugarcoat

좋지 않은 사실이나 소식을 듣기 좋게 꾸미거나 포장하여, 실제보다 더 나아보이게 만드는 행동(사탕발림)을 의미합니다. 비유적으로 곤란한 상황을 돌려 말할 때 사용됩니다.

coat with sugar, make superficially attractive or acceptable

Don't sugarcoat it. / 포장하지 말고 솔직하게 말해.

> They do lead our **generic** congressional **ballot** by a point, but they're also facing a very unique challenge in our poll right here.

005. generic ballot

미국 선거 용어. 후보 이름 없이 어느 정당에 투표할지 묻는, 미국 하원 선거 정당 지지율 조사입니다.

polling tool used to measure overall support for political parties in an upcoming election, usually for legislative bodies like the U.S. Congress. Instead of asking about specific candidates, it asks respondents a question like: "if the election were held today, would you vote for the Democratic candidate for the Republican candidate for Congress?"

generic

상황에 따라 다양한 의미로 사용됩니다.

1) 일반적인/포괄적인(특정한 브랜드나 이름 없이 그 종류 전체를 아우르는 일반적인 상태를 뜻합니다.)

2) 의약품(복제약)(특허가 만료된 원본 약과 동일한 성분으로 만든 저렴한 제네릭 의약품을 의미합니다.)

3) 브랜드가 없는(유명 상표 없이 제품의 내용물만 강조하여 판매되는 상품을 말합니다.)

> I don't really understand the goal or the **endplay** here on what's all trying to occur.

006. endplay

카드 게임 브리지(bridge)에서 상대방(수비수)에게 전략적으로 선(lead)을 넘겨, 그가 어쩔 수 없이 자신에게 유리한 카드를 내도록 함으로써 추가 점수(속임수)를 따내는 고급 기술을 말합니다. 상대가 내고 싶지 않은 카드를 억지로 내게 만드는 '외통수' 전략입니다.

a way of playing in the last few tricks which forces an opponent to make a disadvantageous lead

endgame

'어벤저스 앤드게임'에서 앤드게임의 의미가 정확하게 와닿지 않아 정리해 봅니다. 비즈니스와 일상에서 endgame은 '최종 목표', '최종 단계'라는 의미로 쓰입니다. 체스에서 말들이 거의 남지 않은 마지막 결전 단계에서 유래한 단어입니다. 비즈니스 맥락에서는 전략과 목표, 궁극적으로 도달하고자 하는 지점, 출구 전략(exit strategy) 등을 의미합니다.

* What is your endgame for this startup? / 이 스타트업의 최종 목표는 무엇입니까?

스포츠 및 일반적인 맥락에서는 경기 종료 직전, 승패가 결정되는 결정적인 순간, 협상에서는 오랜 협상 과정의 마무리 단계를 의미합니다. '어벤저스 엔드게임'에서 endgame은 모든 사건이 마무리되는 최종장 혹은 결전을 상징합니다.

* [Doctor Strange] We're in the endgame now / 이제 결전, 마지막 단계에 와 있다.

So the Houthis, the Iranians should expect that this is the beginning. This is not a **one-off**.

---

007. one-off

'일회성의', '단 한 번뿐인', '단독의'라는 뜻으로, 다시 반복되지 않고 딱 한 번만 발생하거나 만들어진 것을 의미합니다. 주로 영국식 영어에서 비격식적으로 사용됩니다.

something that happens or is made or done only once

* Will you be doing more talks in the future or was that just a one-off? / 앞으로도 강연을 더 하실 예정인가요, 아니면 그건 일회성 행사였나요?
* This is a one-off event. / 이것은 일회성 행사입니다.

> Their economy is in **disarray**.

008. disarray

무질서, 혼란, 난잡함을 뜻하는 단어로, 정돈되지 않고 뒤죽박죽인 상태를 나타냅니다.

the state of being confused and having no organization or of being untidy

* *Ever since the oil crisis, the industry has been in disarray.* / 오일 위기 이후 산업 자체가 무질서한 상황이다.

> And while I totally understand my colleagues who didn't want to **catapult** us into a shutdown, I actually think that the American people would have understood that Republicans have an obligation to negotiate with Democrats.

009. catapult

고대에 돌 등을 날리던 투석기나 새총을 뜻하며, 현대에는 항공모함을 비롯한 기지에서 항공기를 빠르게 발사하여 이륙시키는 사출 장치를 의미합니다. 동사로는 물건을 '새총처럼 날리다' 혹은 '강하게 발사하다'는 뜻으로 쓰입니다.

to throw someone of something with great force

*When the two vehicles collided, he was catapulted forwards. / 두 차량이 충돌했을 때 그는 앞으로 튕겨 나갔다.

It is hard to explain the **ramifications** of a shutdown, but they are enormous. Head start programs won't open. Soldiers won't get paid for defending this country.

010. ramification

어떤 행동이나 결정으로 인해 발생하는 '결과'나 '파급 효과'를 의미합니다. 특히 예상치 못했거나 복잡하게 얽힌 부수적인 결과를 지칭할 때 주로 쓰입니다. 이 단어는 본래 라틴어 'ramus(가지, branch)'가 뻗어 나가는 모양에서 유래했기 때문에, 하나의 사건이 여러 갈래의 복잡한 문제로 번지는 상황에 어울리는 표현입니다.

the possible results of an action

* Have you considered all the ramifications of your suggestion? / 당신의 제안이 가져올 모든 파장을 고려해 보셨습니까?
* Scientists are still studying the long-term ramifications of global warming. / 과학자들은 여전히 지구 온난화의 장기적인 영향력을 연구하고 있습니다.

> So the question really is for my party **writ large,** are we willing to do the very difficult things necessary to meet this moment?

011. writ large

어떤 것이 '확대된', '분명하게 드러난', '전반적인' 형태로 나타날 때 사용하는 관용구입니다. 주로 A는 B의 확대판(A is B writ large)이라는 식으로, 어떤 현상이나 특징이 더 거대하고 뚜렷하게 보일 때 쓰입니다.

If you say that one thing is another thing writ large, you mean that the first thing is a larger or more exaggerated version of the second thing.

* *This is an example of bureaucracy writ large.* / 이것은 명백한 관료제의 한 예다

* *I could see the curiosity writ large on Rose's face.* / 로제의 얼굴에 분명하게 드러난 호기심을 볼 수 있었다.

* *Her life was personality writ large.* / 그녀의 인생에는 그녀의 성격이 분명하게 드러나 있다.

* *Hollywood is often said to be American society writ large.* / 헐리우드는 미국 사회의 확대판이라 불리곤 한다.

> 71% of Republicans say they **identify** with MAGA brand, but only 28% of independents feel positively toward President Trump.

012. identify

'~을 동일한 무리로 인정하다'는 의미로 쓰일 때, 주로 identify A with

B(A와 B를 동일시하다), identify as [group](~로 스스로를 정체화하다/인정하다)
형태로 사용됩니다.

to feel and say that you belong to a particular group of people

* *To love someone is to identify with them.* / 누군가를 사랑한다는 것은 자신을
  그와 동일시하는(동일한 무리로 여기는) 것이다.
* *Voters identifying as Republicans dropped by 2 percent.* / 스스로를 공화당원이
  라고 인정하는 유권자가 2퍼센트 줄었다.
* *Someone who is assigned male at birth may identify as female.* / 남자로 태어
  난 사람이 스스로를 여성으로 정체화할 수도 있다.
* *She identifies as a member of the artistic community.* / 그녀는 스스로를 예술
  가 집단의 일원으로 인정한다(정체화한다).

> We are really seeing what we've been reporting on for months,
> which is this **coalescing** when it comes to Republicans around
> President Trump.

013. coalesce

더 큰 덩어리로 '합쳐지다', '병합하다'라는 뜻입니다.

to combine into a single group or thing

* *The theory is that galaxies coalesced from smaller groupings of stars.* / 그 이
  론은 작은 별들의 그룹들이 합쳐져 우주가 되었다는 것이다.

> Independent voters, **underwater** 32, 36 points with Democrats.

014. underwater

여론조사에서 어떤 후보자의 지지율이 낮은 것, 지지율보다 반대율이 더 높은 상태를 뜻하는 관용구입니다. 예를 들어, 지지 40%, 반대 55%라면 'underwater' 상태라고 표현합니다.

* *Donald Trump is underwater.* / 트럼프의 지지율이 낮다.

> So a lot of this is really around the core and these young voters and that fight that you see happening right now is sort of **encapsulating** the problem for Democrats.

015. encapsulate

요약하다, 압축하다, 캡슐에 넣다.

to express or show the most important facts about something

* *She encapsulates the stereotyped image that the British have of Americans.* / 그녀는 영국 사람이 미국 사람에 대해 가지고 있는 전형적인 이미지를 압축적으로 보여준다.

And you can look at that parallel here, where the left **flank** is upset. There are threatening primaries. If that happens, it'll be a long time before Democrats take control of the U.S. Senate, **irrespective** of what happens in this economy.

016. flank

신체에서 '옆구리', 군사 및 전략에서 '측면', 스포츠에서 '가장자리'를 뜻합니다.

the side of something, especially a mountain or hill

* right/left flank / (스포츠)오른쪽 측면, (정치) 보수적인 분파, (신체) 오른쪽 옆구리
* A small group of houses clings to the eastern flank of the mountain. / 소규모의 집들이 그 산의 오른쪽 측면에 붙어있다.

017. irrespective

'~에 상관없이', '~를 고려하지 않고'라는 뜻입니다.

without considering

* The legislation must be applied irrespective of someone's ethnic origins. / 법률은 누군가의 인종적인 기반과 상관없이 적용되어야 한다.

확장 018. albeit

'~일지라도', '비록 ~이지만'이라는 뜻을 가진 접속사입니다. 'although'와 뜻이 유사하지만, 문장 전체를 이끌기보다는 주로 형용사, 부사, 명사구 앞뒤에 붙어 앞선 내용을 보충 설명하거나 양보의 의미를 더할 때 사용합니다.

although, despite the stated thing

* *He tried, albeit without success.* / 그는 노력했다. 비록 성공하지는 못했지만.
* *The nation is adapting, albeit slowly, to the new global economy.* / 그 나라는, 비록 느린 속도이긴 하지만, 새로운 세계 경제에 적응하고 있다.

> And I think that, you know, also in that poll, I was struck by the number of people who claim to know somebody who's been impacted by a government reduction cut or something. I mean, you know, **pushing** 30 percent.

019. pushing

(나이가) ~살에 가까워지는

(informal) be nearly(a particular age)

* *She must be pushing forty.* / 그녀는 마흔 살 언저리인 것 같다.

> I think you've **taken the eye off the prize,** right? Sure, **generically**, everyone's for, you know, getting waste out of government, right? Who's not for getting waste out of government?

020. take your eye off the ball(prize)

'한눈을 팔다', '방심하다', '목표에서 멀어지다'라는 뜻입니다. 중요한 일이나 당면한 문제에서 일시적으로 주의를 돌려 실수나 문제가 발생할 때 사용하는 관용구입니다.

to not give your attention to what you are doing at the time

* *If you're a manager, you can't afford to take your eye off the ball for one minute.* / 당신이 관리자라면 한순간도 방심할 수 없다.
* *Never ever take your eyes off the ball.* / 절대로 공에서 눈을 떼지 마세요. / 한눈 팔지 마세요.

021. generically

'일반적으로', '통칭하여', '포괄적으로'라는 뜻을 가진 부사입니다.

1) 특정 브랜드명이 아닌 일반적인 종류/명칭을 지칭
2) 브랜드 제품이 아닌 성분 약(복제약 등)을 언급할 때 주로 사용
3) 비판적인 의미로, '특색 없이', '진부하게'라는 뜻으로도 쓰임.

in a way that relates to a class or group of similar things; not specifically, in a way which lacks imagination or individuality; predictably, unoriginally

* *what most writers generically refer to as "world music"* / 대부분의 작가가 일반적으로 "세계 음악"이라고 부르는 것
* *generically nondescript musical numbers.* / 진부하게 특징이 없는 음악들
* *The movie's plot was generically predictable.* / 그 영화의 줄거리는 특색 없이 뻔했다.

별다른 특징이 없어 평범하거나 뚜렷하게 설명하기 어려운 상태를 의미합니다. 라틴어 non(부정)과 descriptus(묘사된)가 결합하여 '묘사할만한 특징이 없는'이라는 뜻을 가집니다.

very ordinary, or having no interesting or exciting features or qualities

* *Their offices are in a nondescript building on the edge of town.* / 그들의 사무실은 타운 외곽의 특징 없는 건물에 있다.

Elon Musk's approval rating is much lower than President Trump's, by the way. The **optics** of this, Anna, is it complicated for the White House?

---

023. optics

문맥에 따라 크게 두 가지 다른 의미로 쓰입니다. 가장 기본적인 '광학'이라는 과학 용어 외에도, 최근에는 정치나 비즈니스 분야에서 '대중의 인식(이미지)'이라는 비유적 의미로 매우 활발하게 사용됩니다.

the public's opinion and understanding of a situation after seeing it as the media shows it, and the possible political effects of this

* *The optics of the decision were terrible.* / 그 결정은 대중에게 매우 안 좋게 비춰졌다.

Well, it's amazing that they're **doubling down on** Elon Musk because, to Cornell's point, this is the opening for Democrats. They're already starting to run ads featuring Elon Musk as the **boogeyman**.

024. double down(on something)

고집스럽게 밀어붙이다, 더욱 전념하다.

to continue to do something in an even more determined way than before

* *The administration needs to double down on the call for political reform.* / 행정부는 정치 개혁의 요구에 전념해야 한다.

025. boogeyman

벽장 속 괴물, 막연한 공포의 대상.

an imaginary evil person who harms children

* *Politicians often use immigration as a boogeyman to win votes.* / 정치인들은 종종 이민 문제를 표를 얻기 위한 공포의 대상으로 활용한다.

This gives them the **B-roll** and the vision that you need to say that the White House is, you know, kind of mixing business with the work of the government.

026. B-roll

원래 '보조 화면', '인서트 장면', '자료 화면'의 뜻인데, 이 문맥에서는 '공격하기 좋은 시각적 증거' 또는 '비판용 영상 소스' 정도로 해석됩니다.

supplemental or alternative footage

「Meet the Press」/ June 1, 2025 / One Big Beautiful Bill

But as Republicans sort out their differences, some House members who voted in favor of the bill got an earful of boos and **jeers** when they returned to their home districts.

027. jeer

상대를 존중하지 않는 태도로, 크게 비웃거나 무례한 말을 내뱉는 '야유하다' 또는 '조롱하다'라는 뜻입니다.

a way of laughing and shouting insults at someone to show a lack of respect

  * *He was jeered by disappointed fans.* / 그는 실망한 팬들로부터 조롱을 당했다.

> The Congressional Budget Office have projected **anemic** economic growth.

028. anemic

의학적으로는 '빈혈증이 있는', 비유적 의미로는 '무기력한', '허약한', '활기 없는'이라는 뜻으로 사용됩니다. 또한 '빈혈'로도 해석합니다.

having too few red blood cells, causing a lack of energy, weak, lacking in color, spirit, or vitality

확장 anemia 빈혈

* *The team's offense was anemic throughout the game.* / 그 팀의 공격은 경기 내내 무기력했다.

> They will have lower taxes and they will be expanding their businesses. We're **incentivizing** US manufacturing again. We're bringing jobs back to US.

029. incentivize

어떤 행동을 하도록 '장려하다' 또는 '동기를 부여하다'라는 뜻입니다.

to make someone want to do something

* *We need to incentivize our sales managers to achieve these targets.* / 우리는 세일즈 매니저들이 이 목표를 달성하도록 동기를 부여할 필요가 있다.

That's going to help everybody, **all boats rise,** like we did in 2017, except this time it's on steroids.

030. A rising tide lift all boats

전반적인 경제나 상황이 좋아지면 그 안의 구성원 모두가 혜택을 본다는 뜻의 격언입니다.

When a general economy or situation is improving, it benefits everyone involved, not just a select few.

We have **north of** $36 trillion federal debt right now, and it is the largest national security concern for the US. I am a fiscal **hawk**. Many of my Republican colleagues in the House feel the same way.

031. north of something

수치와 관련하여 '~을 넘는' 또는 '~보다 많은'이라는 뜻으로 자주 쓰입니다.
used to say that an amount is more than the stated amount

* *The share price is expected to rise north of $20. / 주가는 20달러를 넘어 상승할 것으로 예상된다.*

확장 032. due south, north, west, etc.

방향 앞에 붙는 due는 '직통으로' 또는 '정(正)~ 향으로'라는 뜻입니다.
a direction that is straight towards the south, north, west, etc.

* *From here, you go due east until you get to the interstate.* / 여기서 고속도로가 나올 때까지 정동향으로 가세요.

033. hawk

정치나 경제 분야에서 '강경파'라는 비유적인 의미로 자주 쓰입니다.
someone who believes that the government should take strong action in controlling the national budget, inflation, etc.

* *The hawks on the committee are worried that 6 percent growth could trigger inflation.* / 강경파들은 6% 경제성장률이 인플레이션을 유발할 것으로 걱정한다.

I **liken** this to an aircraft carrier. You don't turn an aircraft carrier **on a dime**. It takes a mile of open ocean.

---

034. liken

'~에 비유하다' 또는 '~와 비슷하다고 간주하다'라는 뜻입니다. 주로 두 대상의 공통점을 찾아 설명할 때 사용하며, 'liken A to B'형식을 취합니다.
point out the resemblance of someone or something to.

* *They likened the reigning emperor to a god.* / 그들은 현 황제를 신에 비유했다.

035. on a dime

'즉각적으로' 또는 '아주 좁은 공간에서'라는 뜻입니다. 미국의 10센트 동전인 다임(dime)이 아주 작다는 점에 착안하여, 그 좁은 곳에서도 움직이거나 멈출 수 있을 만큼 민첩함을 강조할 때 씁니다.

used to refer to a maneuver that can be performed by a moving vehicle or person within a small area or short distance

* *boats that can turn on a dime* / 아주 좁은 공간에서 선회할 수 있는 보트들

And you're going to see a lot of the doge cuts and a lot of this new fiscal restraint reflected in what Congress does next. So stayed tuned. This is not the **end all, be all.**

036. end all, be all

가장 중요한 것, 전부, 최종 결론. the most important thing

* *Money isn't the be-all and end-all of life.* / 돈이 인생의 전부이자 끝은 아니다.

The decision clearing the way for the deportation of a group of men to South Sudan, the court's three liberal justices **dissented**.

037. dissent

반대하다, 의견을 달리하다.

to disagree with other people about something

* Anyone wishing to dissent from the motion should now raise their hand. / 본 안건에 반대하시는 분은 지금 손을 들어 주시기를 바랍니다.

Then today, in a shocking announcement, Tillis announced he would not seek re-election and slammed **gridlock** in Washington.

038. gridlock

원래는 교통이 꽉 막힌 '정체'를 뜻하지만 주로 정치권의 '교착 상태'를 비유할 때 쓰입니다.

a situation where roads in a town becomes so blocked by cars that it is impossible for any traffic to move, a situation in which no progress can be made

* A car breaking down at rush hour could cause gridlock across half the city. / 러시아워에 고장 차량이 발생하면 도사 절반에 걸쳐서 정체를 유발할 수 있다.

* The Senator rejected arguments that his plan could produce legislative gridlock. / 상원의원은 그의 계획이 입법부의 교착 상태를 가져올 수 있다는 주장을 거부했다.

NBC Nightly News / July 11, 2025 / 엡스타인 케이스

In response to all this, the White House now says, quote, "The continued **fixation** on suing division in President Trump's cabinet is baseless and unfounded in reality."

039. fixation

심리적인 '집착'이나 물리적인 '고정'을 뜻합니다.

the state of being unable to stop thinking about something or someone, or unnaturally strong interest in something or someone

* Liz has a fixation with food. / 리즈는 음식에 집착이 있다.

Do you think there's going to be a lot of changes to the bill over the course of this **Voterama**?

040. voterama

미국 의회, 특히 상원에서 예산 결의안 등을 처리할 때 수많은 수정안에 대해 휴식 없이 연달아 투표를 진행하는 절차를 말합니다.

A procedure in the U.S. Senate that allows senators to propose unlimited number of amendments to budget-related measures. After brief debate, the amendments are each voted on in rapid succession.

We wrote that bipartisan bill last year to reform the asylum process, to make sure that only the right people are coming in and that we judge those cases **expeditiously** at the border.

041. expeditious

신속한, 효율적으로 빠른. quick

* *The bank was expeditious in replying to my letter.* / 은행은 내 편지에 신속하게 답장해 주었다.

확장 expedite

신속하게 처리하다.

to make something happen more quickly

* *Something needs to be done to expedite the process.* / 프로세스를 빠르게 하기 위해서 무언가 해야 한다.
* *Expedited Service* / 빠른 배송, 긴급 비자 발급 등 특급 서비스

확장 042. expedient

'방편' 또는 '편리한'이라는 뜻으로, 도덕적인 정당성보다는 당장의 상황을 해결하기 위한 실용성에 초점을 맞춘 단어입니다. 상황에 따라 이기적이거나 수단과 방법을 가리지 않는 뉘앙스가 포함될 수 있습니다.

expedite/expeditious는 단순히 '신속하고 효율적임'을 강조하는 느낌이고, expedient는 '신속하고 편리하긴 하지만, 원칙보다는 편의를 따름'이라는 다소 비판적인 뉘앙스가 섞일 때가 많습니다.

* *It might be politically expedient to agree with them.* / 그들과 합의하는 것이 정치적으로 편리한(유리한) 방책일 수 있다.

> And it should matter to every American that on so many **<u>facets</u>**, the Trump administration doesn't care about the law. This is becoming a lawless administration.

043. facet

보석의 깎인 면처럼 어떤 현상이나 문제의 '측면' 또는 '양상'을 뜻합니다.

one part of a subject, situation, etc. that has many parts

* *She has so many facets to her personality.* / 그녀의 성격에는 여러 가지 측면이 있다.

> All right. Senator Murphy, thank you so much for joining us on a **<u>jam-packed</u>** weekend. We really appreciate it.

044. jam-packed

좁은 공간에 많은 것들이 들어차 있는 상태인 '완전히 가득 찬' 또는 비유적으로 할 일이 많을 때 '일정이 꽉 찬'이라는 뜻으로 쓰입니다.

full of people or things that are pushed closely together

* *The streets were jam-packed with tourists.* / 거리는 관광객들로 가득 차 있다.
* *I have a jam-packed schedule today.* / 오늘 일정이 빽빽하게 잡혀 있다.

It's a policy that had previously been defended by Democrats and Republicans alike until the **fear-mongering** of this current mayor.

045. fear-mongering

특정 목적을 위해 의도적으로 사람들에게 불안과 공포를 심어주는 '공포 조장' 행위를 뜻합니다.

the action of intentionally trying to make people afraid of something when this is not necessary or reasonable

NBC Nightly News / September 3, 2025 /
중국 전승절, 시진핑·푸틴·김정은

On the balcony, China's president Xi Jinping, **flanked** by Russia's Vladimir Putin and North Korea's Kim Jong-un, a first to see the Western adversaries together.

046. flank

측면, 옆에 서다.

to stand or be located at the side of something

* *The altar was flanked by two trees.* / 제단은 두 나무 사이에 자리 잡고 있다.

NBC Nightly News / September 21, 2025 / 지미 키멜 방송 중단 및 복귀

As questions remain over whether ABC will return Jimmy Kimmel to air after the late night comedy host claimed the suspect may have been part of MAGA.

"MAGA gang desperately trying to characterize the kid who murdered Charlie Kirk as anything other than one of them."

The company is saying it **pulled the show** because of **ill-timed** comments. But hundreds of stars, including Tom Hanks and Meryl Streep, called the move a dark moment for freedom of speech.

047. pull the show

공연이나 방송을 중단하다. 프로그램을 내리다.

* *The network decided to pull the show after only three episodes.* / 방송국은 단 3회만에 그 프로그램을 종영하기로 했다.

048. ill-timed

시점이 부적절한(시기상조/뒤늦은), 상황상 부적절한

an ill-timed joke / 분위기 파악 못 하고 던진 부적절한 농담

「Meet the Press」[2] / Nov 2, 2025 / 캘리포니아 주지사 개빈 뉴섬 인터뷰

> Governor Gavin Newsom's attempt to add safe Democratic seats to the congressional map in his state in response to red states doing the same **at the behest of** President Trump.

049. at the behest of / at someone's behest

~의 요청에 따라, ~의 명령으로

because someone has asked or ordered you to do something

확장 behest

요청, 명령

---

2 「Meet the Press」는 공화당과 민주당의 상원의원이나 주지사를 한 명씩 순차적으로 초대해서 하나 또는 여러 현안에 대해 의견을 묻는 포맷을 즐겨 사용합니다. 민주당보다는 공화당 출신과의 대화가 격화되는 경우가 많습니다. 주지사, 상원의원의 인터뷰 내용에는 젠체하는, 좋게 말하면 격조 있는 표현들이 많습니다.

* *The budget proposal was adopted at the mayor's behest.* / 그 예산안은 시장의 요청으로 채택되었다.

He does get decent marks when it comes to border security and immigration. Slight majority say he has **lived up to** what he promised to do there.

050. live up to

~ 부응하다.

* *I will try to live up that.* / 나는 그것에 부응하기 위해 노력할 것이다.

Now, it seems like it could be a **headwind** heading into Tuesday for Republicans.

051. headwind

역풍, 맞바람, 즉 앞으로 나아가는 방향과 반대로 불어오는 바람을 뜻하며, 비유적으로 어려움, 장애물, 역경 등 일이 순조롭지 못하게 만드는 상황을 의미합니다. 반대말은 tailwind, 순풍입니다.

> So I think it really **heightens** the **stakes** for Tuesday night in these elections, and especially in New Jersey, because Republicans think they can win that one.

052. heighten

높이다.

to increase or make something increase, especially an emotion or effect

* *The strong police presence only heightened the tension among the crowd. /*
  강화된 경찰 병력은 군중들 사이의 긴장을 높일 뿐이었다.

053. stakes

말뚝이라는 기본 뜻에서 확장되어 투자/지분, 내기 판돈, 걸려있는 것/이해 관계, 경마 대회 등 다양한 의미로 쓰이며, 복수형으로 고위험/중요한 상황을 뜻하기도 합니다.

* *He has a big stake in the company. /* 회사에서 큰 지분을 가지고 있다.
* *What are the stakes? /* 이해관계가 무엇인가?

> Schumer's and Jeffries, that give me real confidence that the Democratic Party is on its **ascendancy**.

054. ascendancy

지배력, 권력, 성공의 위치를 의미하며, 우세함, 우월함, 지배력으로 해석됩니다. 오르다 'ascend'에서 파생된 명사로 정치적 영향력이나 경쟁에서의 우위를 나타낼 때 주로 쓰입니다.

In every core category, he is **underwater**, and he is a guy who promised to make us wealthier and healthier. We are poorer and sicker across the board.

055. underwater

수중의, 물속의, 수면 아래의 라는 뜻이며, 경제 용어로는 집값보다 대출금이 더 많은 손실 상태를 의미하기도 합니다.

* *The mortgage is underwater.* / 그 담보 대출은 손실 상태이다.

I'm deeply confident, as long as we do everything that we've set out to do over the next few days, we don't believe in running the **90 yard dash**. We run at peak, the 110 yard dash.

056. 90 yard dash

90야드(약 82.3미터)를 달리는 단거리 이벤트로, 주로 미식축구나 훈련에서 100야드 대시와 유사하게 사용되며, 특히 터치다운이나 인터셉트 리턴 중 90야드 이상을 질주하는 극적인 플레이를 묘사할 때 자주 등장합니다.

비유적 표현(figurative use)으로 정치 연설 등에서는 90야드가 아닌 100야드를 달려야한다는 식으로, 목표 지점까지 완벽하게 도달해야 한다는 비유로 쓰이기도 합니다.

> We maintain the commission and we're responding to the crisis, **not of our making**, but the crisis that Donal Trump advanced, Greg Abbott and other Republicans they don't believe in fair and free elections.

057. not of our making
우리가 만든 상황이 아닌

> I have confidence in the lower courts, and I'm holding hope that there's one **co-equal** branch of government left, and that's the judiciary.

058. co-equal
동등한, 동격의, 같은 지위나 권력, '능력을 가진' 이라는 뜻으로, 다른 사람이나 사물과 동등한 관계에 있음을 나타내는 형용사 또는 명사입니다. 주로 동등하게, '같은 수준으로'라는 의미로 사용되며, equal과 유사하지만 '함께' 라는 접두사 co가 붙어 상호 동등함을 강조합니다.

equal은 단독으로 같다는 의미이지만, coequal은 co가 붙어 서로 동등하다(equal with one another)는 의미를 강조합니다. 법률이나 정치 분야에서 각 기관의 동등한 권한을 나타낼 때 자주 사용됩니다.

> *The two branches of government are coequal.* / 정부의 두 브랜치는 권한이 동
> 등하다.

> But again, not on the basis of the **shadow docket** in US Supreme Court, but the courts, the lower courts, the federal courts have held pretty strong. And so, I'm hopeful it's the last institution standing. Again, he's assaulting all institutions that stands in his way.

059. shadow docket

미국 연방 대법원이 정식 절차 없이 긴급하게 내리는 임시 명령 및 소규모 결정을 의미하며, 법학자 윌리엄 보드가 2015년에 명명한 용어로, 최근 사용이 늘면서 투명성 부족과 사법권 남용 논란이 커지고 있습니다. 이는 신속한 처리가 필요할 때 주로 사용되며, 특히 이민, 사형, 행정 명령 관련 긴급 신청에 활용되고 있습니다.

> The courts are one of the most powerful and potent, so I'm hopeful, but I'm not naive. **Posse Comitatus**, it's not complicated.

060. Posse Comitatus

포세 코미타투스 법은 미국 연방 정부가 현역 군대를 국내 법 집행 활동에 투입하는 것을 금지하는 법률로, 시민의 권리 보호와 군사력의 민간 영

역 개입 방지를 목적으로 하며, 헌법이나 의회 법률에 명시된 경우에만 예외적으로 적용됩니다.

> Wake up, what the hell do we need to tell people to get them off their couch to say, well, hold on, I may have liked his **bluster**, I may not have liked the last guy, but I didn't sign up for this.

061. bluster

허세 부리며 큰 소리로 말하거나 거세게 몰아치는 것을 뜻하며, 허세, 허풍, 으름장, 강풍의 의미로 쓰입니다. 효과는 없지만 시끄럽고 위협적으로 말하거나 강풍이 몰아치는 날씨현상(Blustery Weather)을 묘사할 때 사용됩니다.

* *He is all bluster and no action. I knew his threats were just bluster.* / 그는 허세뿐이고 행동이 없다. 그의 위협이 허세인 걸 알았다.

> So you mimic his **all cap** posts, you send out similar **memes**. Do you run the risk of normalizing that behavior?

062. all cap

모든 글자를 대문자로 쓰는 것을 의미하며, 강조나 화가 났음을 나타냅니다. 온라인에서 큰 소리로 외치는 것처럼 들리기도 합니다. 'HELLO WORLD'처럼 모든 알파벳을 대문자로 쓰는 것으로 강조나 분노를 표현할 때 쓰이며, 온라인에서는 소리 지르는 것처럼 인식되기도 합니다.

063. meme

인터넷 밈, 약칭 밈은 인터넷 커뮤니티나 SNS 등지에서 퍼져 나가는 여러 문화의 유행과 파생, 모방의 경향, 또는 그러한 창장물이나 작품의 요소를 총칭하는 용어입니다.

> All this, the normalization of **deviancy** across the spectrum of issues. But his communication, he's dressing up as the Pope, as Superman. He's, hold on, he's putting his face on Mount Rushmore. He's saying thank you, it's madness. And so I **put a mirror up to** that madness.

064. deviancy

일탈, 일탈 행동

the quality of not being usual, and of being generally considered to be unacceptable

* *Addicts often turn to crime or social deviancy to feed their habits.* / 중독자들은 그들의 습관 때문에 범죄나 일탈 행동을 하곤 한다.

065. put a mirror up

'거울을 세우다'라는 기본적인 뜻 외에, 비유적으로 자신이나 특정 대상의 모습을 객관적으로 비추어보게 하거나 숨겨진 진실이나 문제점을 드러내 보여주는 행위를 의미하며, 주로 hold a mirror up to someone/something 형태로 사용되어 자아 성찰을 유도하거나 현실을 직시하게 만든다는 뜻으로 쓰입니다.

> All of us living in the state of fear and **anxiety on edge**, and so of course we want to go back to some **semblance** of normalcy, but you have to deal with the crisis at hand.

066. anxiety on edge

불안해서 신경이 곤두서고 초조한 상태를 뜻하며, 가장자리(edge)에 서 있는 듯한 긴장되고 예민한 기분을 비유적으로 표현합니다. 이는 '안절부절못하다', '까칠하다', '신경이 날카롭다'와 같은 의미로, 중요한 시험을 앞두거나 긴장되는 상황에서 자주 쓰이는 표현입니다.

067. semblance

겉모습, 외관, 유사함, 닮은꼴을 뜻하며, 특히 ~인 척하는 것, 거짓된 유사성이나 겉보기에는 ~인 것이라는 뉘앙스로 자주 쓰이는 명사입니다. 동사 resemble과 같은 어원에서 왔으며, in semblance of 형태로 겉보기에는, 겉으로는 이라는 의미로 쓰입니다.

* *a semblance of peace* / 평화로운 척하는 것

* *In semblance, he looked calm.* / 겉보기에는 그는 침착해 보였다.

* *There was a semblance of normalcy.* / 어느 정도의 정상적인 모습이 있었다.

> We have three more years, time to **batten down the hatches**, and it's time for us to change if we want things to change.

068. batten down the hatches

'폭풍우나 위기를 대비해 단단히 준비하다', '만반의 대비를 갖추다'라는 뜻으로, 원래는 배의 갑판 해치를 닫고 고정하여 파도가 들어오지 못하게 막는 행동에서 유래한 숙어입니다. 비유적으로는 다가오는 어려운 상황(경기 침체, 질병 등)에 대비해 피해를 최소화하도록 준비하는 것을 의미합니다.

* The company needs to batten down the hatches for the upcoming recession. / 회사는 다가오는 불황에 대비하여 만반의 대비를 해야 한다.

> Because **success leaves clues**. He was organizing on the campuses. He was successful at getting out the vote. He has voice, a huge voice, an **outsized** voice in the MAGA movement, and I talked to Democratic friends and allies, and they weren't familiar with him.

069. success leaves clues

성공은 단서를 남긴다. 성공한 사람들의 행동, 습관, 과정을 분석하면 우리도 성공으로 가는 길을 찾을 수 있다는 의미의 명언입니다.

070. outsized

정상보다 훨씬 큰, 비정상적으로 큰, 과도하게 큰, 또는 매우 영향력 있는 이라는 뜻으로, 크기나 규모, 영향력 등이 일반적인 수준을 훨씬 뛰어넘을 때 사용되는 형용사입니다. 의류 사이즈가 크다는 의미로도 쓰이지만, 보통 outsized profits 막대한 이익, outsized influence 막대한 영향력, outsized personality 거대한 존재감처럼 추상적인 의미로 더 자주 쓰입니다.

I mean, violence solves for nothing. And so it just needs to be **called out**, period, full stop, not exploited by anybody. Forget politics. How can anybody **condone** violent acts?

071. call out
호출하다, 부르다, 공개적으로 잘못을 지적하다, 비난하다

*She called out the company's unfair practices. People called him out for his negative comments. / 사람들은 그의 부정적인 발언을 비난했다.

072. condone
잘못되거나 비난받을 만한 행동을 용납하거나 묵인하거나, 해롭지 않은 것으로 여기는 것을 의미합니다.

*If the government is seen to condone violence, the bloodshed will never stop. / 정부가 폭력을 묵인하는 것처럼 보이면, 유혈사태는 멈추지 않을 것이다.

> It was making sure Donald Trump didn't get back into office to experience everything that we're experiencing today, and there was no interaction I had **that suggested otherwise**.

073. that suggest otherwise

'그렇지 않다고 시사하는', '달리 말하는', '다른 것을 암시하는'이라는 뜻으로, 앞선 내용과 반대되는 사실이나 상황이 있음을 나타낼 때 사용하는 표현입니다. otherwise는 '그렇지 않으면', '달리', '다른 방식으로'라는 라는 의미를 가지며, suggest와 결합해 '다른 방향을 가리키는'이라는 뉘앙스를 줍니다.

* *The evidence suggests otherwise.* / 그 증거는 그렇지 않다고 시사한다.

> What were your key **takeaways** from what we heard?

074. takeaway

영국 영어에서는 포장 음식 또는 테이크아웃 자체를 의미하지만, 미국 영어에서는 핵심 요점, 배울 점, 느낀 점 등 대화나 행사에서 얻은 중요한 정보나 교훈을 뜻하는 명사로 사용됩니다.

* *Shall we get a Chinese takeaway?* / 중국식 포장 음식을 먹을까요? (미국에서는 *takeout*이나 *to go*를 더 흔하게 사용)
* *What's your takeaway from this meeting?* / 이번 미팅에서 당신이 배운 점은 무엇인가?

Redacted names spent hours at my house with him. He has never once been mentioned. The White House says the redacted name is Virginia Dufray, one of Epstein's most prominent accusers.

075. redact

문서, 보고서, 데이트 세트 등에서 민감하거나 기밀에 해당하는 정보를 공개하기 전, 법적 또는 보안 목적으로 해당 부분을 검열, 삭제하거나 가리는 행위를 뜻합니다. 단순히 수정(edit)하는 것이 아니라, 정보 유출을 막기 위해 개인정보 등을 영구적으로 지우거나 익명화하는 기술적, 법적 조치를 의미합니다.

  * *The names of witnesses were redacted from the report* / 증인들의 이름은 보고서에서 삭제되었다.

영화 'Hidden Figures'에서 여주인공이 redacted된 보고서로 우주선의 궤도 계산을 해내자 벌어지는 소동입니다.

Whose work is that? Katherine Goble, sir. How did you know that Redstone couldn't suport orbital flight? That's classified information. Well, it's no secret why Redstone keeps failing. Numbers don't lie. You figured all that out with this? <u>Half the data is **redacted**</u>. The distance from launch to orbit we know, Redstone mass we know. How did you know about the Atlas rocket? That data is not here like you said, it's classied. I held it up the the light. Held up to the light. Well, there it is. Atlas. What' your name? Catherine Goble. So you're a Russian spy? No, sir. I'm not a Russian. All right, then, we have nothing to lose here. <u>Give her everything she needs to work on Sheperd's trajectory **without redaction.**</u> I'just don't thinnk it's a good idea. You know what I think is a good idea? Darker ink. I think darker ink is a good idea. Ruth, would you pass that along?

'redacted'된 보고서를 주인공에 전등에 비춰보고 정보를 알게 되었고, 주인공의 능력을 확인하고 상사가 without redaction 상태의 정보를 주인 공에게 제공하라고 합니다. 좋은 아이디어가 아닌 것 같다고, 보안상 우려 를 표하는 직원(Big Bang Thery의 쉘던이 여기선 빌런으로 나오네요ㅎ)에게, 좋 은 아이디어는 darker ink라고(redact 하려면 더 진한 잉크를 사용하라고) 말하 고, 전체에게 알리라고(pass it along) 합니다. 요즘 엡스타인 파일 때문에 뉴 스에서 자주 들리는 redact, redacted, reaction을 아주 잘 나타내는 한 장 면인 것 같습니다.

And we'll show you the moment at the **resolute desk**, the mayor-elect was asked if he thinks President Trump is a fascist.

076. resolute desk

백악관 집무실에 있는 유명한 책상으로 '결단의 책상'이라고 번역되며, resolute는 '단호한', '결연한'이라는 뜻을 가진 형용사입니다. 이 책상은 영국 빅토리아 여왕이 북극 탐험선이었던 'HMS 레졸루트 호'의 폐목재로 만들어 미국에 선물한 것으로, 역사적 결정이 내려지는 장소로 유명합니다.

Also, tonight, the president **doubling down** on his suggestion that some Democratic lawmakers could be guilty of **sedition**, punishable by death.

077. double down

블랙잭 카드 게임에서 유리하여, 어떤 행동이나 입장을 더 강하게 밀고 나갈 때, 위험을 감수하고 베팅을 두 배로 늘리듯 더 단호하고 집요하게 나아가는 것을 의미하며, 비판에도 불구하고 기존의 주장을 더욱 강화할 때 자주 사용됩니다.

* He doubled down on his claims when criticized. / 비판을 받자 그는 자신의 주장을 더욱 굽히지 않고 밀어붙였다.

078. sedition

정부나 확립된 권위에 대한 반항, 불복종, 또는 폭동을 선동하는 행위로, 말, 글, 행동을 통해 정부에 대한 증오, 경멸, 또는 적대감을 조장하는 범죄 행위를 의미하며, 폭력적인 방법을 포함할 수도 있습니다. 단순히 정부에 반대하는 것을 넘어, 법에 저촉될 정도로 권위에 대한 저항을 부추기거나 정부를 폭력적으로 전복하려는 시도를 말합니다.

미국의 Sedition Act는 정부에 대한 부정적인 말이나 허위 주장을 금지하여 반정부적 언론을 탄압했으니, 이후 표현의 자유(First Amendment)로 인해 적용이 제한되었습니다.

Tonight, in a Hollywood style twist, I tell you, the press **has eaten this thing up**. President Trump and incoming New York City Mayor Zoran Mamdani trading their past clashes for compliments.

[Trump] The better he does, the happier I am.
[Mamdani] I appreciate the time with the president. I appreciate the conversation.

079. eat it up

문맥에 따라 '음식을 남김없이 먹다', '누군가의 말을 그대로 믿다' 또는 '무언가에 열광하다'.

* *She told him a ridiculous story, and he ate it up.* / 그녀가 말도 안 되는 얘기를 했는데, 그는 그대로 믿었어요.

* *The audience ate it up.* / 관객들이 완전히 열광했어요.

They were on the **capsized** vessel. They were not **incapacitated** in any way. It was entirely appropriate to strike the boat again to make sure that its cargo was destroyed.

080. capsize

배가 전복되다, 배를 뒤집다

081. incapacitate

'무능력하게 만들다', '무력화하다'라는 뜻의 동사입니다. 주로 수동태 (incapacitated)로 쓰여 정상적인 생활이나 활동을 하지 못하는 상태를 나타내며, 사람뿐만 아니라 기기나 시스템이 작동하지 않게 만드는 경우에도 사용됩니다.

It **exonerated** Secretary Hegseth of any criminal wrongdoing, the rest of the group chat as well.

082. exonerate

주로 법적, 공식적 맥락에서 쓰이며 '~의 무죄를 입증하다', '혐의를 벗겨주다', '비난, 책임 등에서 면제하다'라는 뜻입니다. 어떤 사람이 죄가 없거나 책임을 질 필요가 없음을 공식적으로 밝힐 때 사용합니다.

(동의어) acquit, clear, absolve

The new evidence will exonerate him / 새로운 증거가 거의 무죄를 입증해줄 것이다.

> I just think this is a bit of **a mountain out of a molehill**.

083. make a mountain out of a molehill

직역하면 두더지 언덕(molehill)으로 산(mountain)을 만든다는 뜻으로, 사소한 문제를 너무 크게 부풀리거나 과장하는 행동을 의미합니다. 침소봉대와 같은 의미로 쓰입니다.

동의어 blow things out of proportion(일을 부풀리다), make a big deal out of nothing(아무것도 아닌 걸로 크게 만들다)

> Well, I'm not going to **opine** on what communication apps or devices our government does or does not use until the bad guy is out on national television.

084. opine

격식 있는 표현으로, '의견을 말하다', '생각하다', '판단하다'라는 뜻의 동사입니다. 주로 자신의 견해나 생각을 공적으로 혹은 정중하게 밝힐 때 사용됩니다.

He will opine on the matter after reviewing all the documents.

> No, I don't. They're unlawful, they're unconstitutional, and
> killing two people who are shipwrecked at sea in also morally
> **repugnant**.

085. repugnant

'혐오스러운', '역겨운', '아주 불쾌한', '비위에 거슬리는'이라는 뜻으로, 매
우 싫거나 받아들이기 힘든 것을 나타내며, 때로는 '모순된', '일치하지 않는'
이라는 법률적 의미로도 쓰입니다.

* The idea of cheating in an exam is morally repugnant to me. / 시험에서 부정행
  위를 한다는 생각은 나에게 불쾌하게 느껴진다.

> We should do everything lawfully that we can to stop the
> **scourge** of drugs coming into this country, but this is not at all
> lawful or constitutional.

086. scourge

명사로 큰 재앙, 골칫거리, 또는 과거의 채찍을 의미하며, 동사로는 '괴롭히
거나 고통을 안겨주다'라는 뜻으로 쓰입니다. 전쟁, 질병, 빈곤처럼 많은 사람
에게 큰 고통을 주는 대상을 묘사할 때 주로 사용되는 극단적인 표현입니다.

* The inflation is a scourge that eats away at savings / 인플레이션은 저축을 갉아
  먹는 재앙이다.
* The country has been scourged by civil war / 그 나라는 내전으로 고통받아 왔다.

> It is simply the most **blatant** hypocrisy, and you can't explain it.

087. blatant

주로 부정적인 행동이나 특징이 '노골적인', '뻔뻔한', 또는 '너무 눈에 뻔히 보이는' 상황에서 사용되는 단어입니다.

동의어 flagrant 명백한, 악명 높은(flagrant foul / 농구에서 고의적이고 난폭한 반칙)

* *blatant disregard for the rules.* / 노골적인 규칙 무시
* *It was a blatant attempt to influence the judges.* / 그것은 심사위원들에게 영향을 미치려는 노골적인 시도였다.

> He set up this administration to say, it's going to be calmer, more stable than the last one. We're not going to have this **carousel** of characters coming in and out.

088. carousel

캐러셀은 본래 회전목마를 뜻하는 프랑스어에서 유래한 용어로, 주도 두 가지 의미로 사용됩니다. 웹사이트나 앱 화면에서 여러 개의 콘텐츠를 가로로 넘기며 볼 수 있도록 만든 슬라이드 형태를 말하고, 공항에서 승객의 짐을 전달하기 위해 끊임없이 회전하는 컨베이어 벨트를 의미하기도 합니다.

President get to the point where they say they've never had it so good, and it speaks to a **detachment** that has begun.

089. detachment

'분리', '이탈', '떼어냄'을 뜻하며(retina detachment / 망막 박리), 비유적으로는 감정적 거리를 둔 '무심함', '냉담', '객관성'을 의미합니다.

He maintained a detached attitude / 그는 냉담한 태도를 유지했다.

의학적으로는 박리(분리됨), 군사적으로는 파견부대를 뜻하며, 심리적으로는 감정적 집착에서 벗어난 상태를 설명할 때 주로 사용됩니다. 예문에서의 detachment는 '현실과의 괴리' 정도로 해석하는 것이 적절할 것 같습니다.

확장 detached

1) 다른 집들과 분리된, A detached building is not joined to another building.
2) 초연한, 무심한, If someone is detached, they do not feel involved with someone or emotional about something.

Adrienne, the **parallels** with what we saw with former President Biden and his reelection campaign are astounding. He struggled with his messaging on the economy.

090. parallel

기본적으로 '평행한', '나란한'이라는 뜻을 가진 형용사이며, 일상에서는 '아주 유사한', '~에 필적하는' 상황이나 대상에 쓰입니다. 명사로는 '평행선', '유사점'을 의미합니다.

something very similar to something else, or a similarity between two things

* *The speaker drew a parallel between the two events.* / 연사는 두 사건의 유사점을 도출했다.
* *It would be easy to draw a parallel between the city's history and that of its theatres.* / 도시와 극장의 역사 간 유사점을 쉽게 도출할 수 있을 것이다.

확장 have no parallel(또는 be without parallel)

If something has no parallel or is without parallel, there is nothing similar to it or of the same high quality as it.

* *These beautiful African churches have no parallel in Europe.* / 이 아름다운 아프리카 교회들은 비교 대상이 없다.

I think he's certainly trying to hold on to the House. Very important for Republicans, of course. He's **on his back heels** for the last two years of his administration, if they don't.

091. on his back heels

주로 격투기나 스포츠에서 유래된 표현으로, 균형을 잃고 어정쩡한 상태, 혹은 휘청거려서 상대의 공격에 제대로 대응하지 못하고 수세에 몰린 상태를 뜻합니다. 앞발이 아닌 발뒤꿈치에 체중이 실려 즉각적인 행동이 어려운 상황을 묘사합니다.

* Set someone back on their heels. / 누군가를 당황하게 하여 수세에 몰리게 하다.

확장 head over heels

머리부터 발끝까지, 정신없이, 사랑에 푹 빠진 상태를 나타냅니다.

* He fell head over heels in love. / 그는 사랑에 푹 빠졌다.

확장 dig one's heels in 고집을 부리다, 물러서지 않다.

* After a rare backlash from his supporters and hard-line Republicans, Mr. Trump dug his heels in over the issue and insisted funds for the wall must be included for him to sign it off. / 지지자들과 강경 공화당원들로부터 이례적인 반발이 일자, 트럼프는 이 문제에서 입장을 굽히지 않았고, 법안에 서명하려면 장벽 건설 예산이 반드시 포함되어야 한다고 주장했다.

> But I was so struck by the **blooper** this week that the president said on the quote affordability crisis that it's kind of a **con**, a Democratic **hex** or whatever the heck.

092. blooper

주로 영화, TV 쇼 등에서 촬영 중 발생한 실수나 NG 장면을 뜻합니다. 영화 크레딧에 나오는 NG 모음집이 대표적인 블루퍼 모음입니다.

093. con

1) 속이다. to make someone believe something false, usually so that that person will give you their money or possessions

2) 사기, a trick to get someone's money or make someone do what you want

* *She felt she had been conned into buying the car.* / 그녀는 속아서 차를 샀다고 느꼈다.

* *It's con, you get half the food for twice the price!* / 이건 사기다. 가격은 두 배고 양은 절반이다.

094. hex

그리스어 어근에서 유래하여 6이라는 숫자나 6각형을 뜻하기도 하며, 저주나 마법을 걸다는 의미로도 사용됩니다.

> Yeah, affordability is a **hoax.**

095. hoax

사람들을 속이거나 골탕 먹이기 위해 유포되는 가짜, 거짓 정보, 장난, 날조된 이야기를 뜻합니다. 주로 인터넷 메일, 문자, SNS를 통해 공신력 있는 기관을 사칭하며 유언비어나 가짜 바이러스 정보로 공포심을 유발하는 악의적 속임수를 의미합니다.

> And when they start to feel that a president has become a little detached in his interests, **gallivanting** a bit about in the world,

096. gallivant

어슬렁거리다, 놀러 다니다.

* *She likes to gallivant around Europe with her friends.* / 그녀는 친구들과 유럽을 놀러 다니는 것을 좋아한다.

동의어 097. gad about

to visit or travel to a lot of different places, enjoying yourself and not worrying about other things you should be doing

* *We spend the weekend gadding about London and generally enjoying ourselves.* / 우리는 유유자적하게 런던을 돌아다니고 스스로를 즐기면서 주말을 보냈다.

> Why would farmers need a **bridge payment** from the Agriculture Department then?

098. bridge payment

자금이 필요한 시점과 실제 조달이 가능한 시점 사이의 공백을 메우기 위해 일시적으로 빌리는 단기 자금을 의미합니다.

> President Trump today appearing to **backtrack** from his recent claims that affordability concerns were a hoax created by Democrats.

099. backtrack

크게 두 가지 의미로 쓰입니다. 첫째, 일반적으로는 왔던 길을 되짚어가거나 했던 말이나 의견을 철회, 번복하다는 뜻입니다. 둘째, 컴퓨터 알고리즘/코딩 분야에서는 백트래킹이라 하여, 해를 찾는 도중 막히거나 가능성이 없으면 이전 단계로 되돌아가서 다시 다른 경로를 탐색하는 기법(퇴각기법)을 말합니다.

* *He had to backtrack on his statement.* / 그는 자신의 발언을 철회해야 했다.

Well, let's talk about the **redactions**.

100. redaction

문서나 데이터에서 개인 정보, 기밀 정보 등 민감한 내용을 제거하거나 가려서 공개하지 못하도록 편집하는 행위 또는 그 행위를 하는 소프트웨어를 뜻하며, 일반적으로는 텍스트를 수정하여 공개 전에 민감한 부분을 삭제하는 것을 의미합니다.

to remove words or information from a text before it is printed or made available to the public

* *Some parts of secret files are available to the public, but heavily redacted. /*
기밀 파일의 일부분이 대중에게 공개되었는데, 민감한 부분은 많이 삭제되었다.

It's all been a big hoax. It's **perpetrated** by the Democrats and some stupid Republicans. I don't understand why they would be so interested.

101. perpetrate

'범행을 저지르다', '범하다' 또는 '나쁜 짓을 함부로 행하다'라는 뜻으로, 범죄, 폭력, 해로운 행위 등 부정적인 행동을 하는 것을 의미하며, 뉴스나 법률 관련 문맥에서 자주 사용되는 동사입니다.

to comit ao crime or a voilent or harmful act

* In this country, half of all violent crime is perpetrated by people who have been drinking alcohol. / 이 나라에서 폭력적인 범죄의 절반은 음주자들에 의해 자행되었다.

He's dead for a long time. It's **sordid**, but it's boring. This is a Democratic hoax that never ends.

102. sordid

'매우 더러운', '불결한'이라는 물리적 의미 외에, 도덕적으로 '추잡한', '야비한', '비도덕적인'이라는 뜻을 강하게 내포하는 형용사입니다.

동의어 ignoble, low-down, dirty

* The story reveals the sordid details of his life. / 그 이야기는 그의 삶의 추잡한 세부 내용을 드러낸다.

Well, that's different, that's different. To be clear, releasing the files is not **what President Trump has ever had an issue with**.

예를 들어 'what you did'처럼 what이 이끄는 종속절이 동사로 끝나면 what은 그 동사의 목적어로 의미 전달이 분명한대 반해, 이 문장처럼 전치사로 끝나는 경우가 상대적으로 많지는 않은 것 같고, 의미상으로도 what은 전치사의 목적어 역할이기 때문에 전체적인 문장의 의미가 바로 와 닿지 않는 것 같습니다.

아래에서 다른 예문으로 살펴보겠습니다.

1) Being honest is **what** I have been emphasizing all the time.

2) Being honest is **what** she had an issue with all along.

1)번 문장의 what은 emphasize의 목적어 역할을, 2)번 문장의 what은 with의 목적어 역할을 하고 있습니다.

And, yet we're supposed to believe that, **lo and behold**, all of a sudden, **out of the blue**, Senator Schumer suddenly cares about the Epstein files. That's the hoax.

---

103. lo and behold

놀랍거나 뜻밖의 일이 일어났을 때 사용하는 감탄사로, '세상에', '웬일이야', '보라', '놀랍게도' 정도로 해석할 수 있으며, 주로 극적 효과를 주거나 재미있고 놀라는 상황을 소개할 때 사용됩니다. lo는 look의 옛날식 표현이고, behold도 see의 옛날식 표현입니다. 합쳐서 '봐, 그리고 봐'라는 뜻으로, 예상치 못한 일이 벌어졌음을 강조합니다.

104. out of blue

'갑자기'라는 뜻입니다. 원래 이 표현의 원형은 bolt out of blue로 '마른 하늘에 날벼락'과 비슷한 맥락입니다. 즉 파란 하늘에 갑자기 번개가 칠 일이 없다는 뜻에서 bold out of blue라는 말이 사용되다가 out of blue로 줄어들었고, '뜬금없다'는 뜻으로 굳혀진 것입니다.

* She just left me, out of blue. / 그녀가 날 떠났어. 아무 말도 없이.

마찬가지로 '갑자기'라는 뜻입니다. 공기의 밀도가 낮은 곳은 가까이 갈
수 없는 먼 곳이고 보이지 않는 곳이기 때문에 out of thin air는 보이지 않
던 곳에서 어떤 것이 갑자기 나타나는 의미입니다.

* *They built the cell phone industry out of thin air in the mid-1980s.* / 1980년대
  중반에 휴대폰 산업이 갑자기 생겨났다.

> Attorney in the Southern District of New York, which is the
> office that had the most recent Epstein case, is investigating
> **pursuant to** the communication from President Trump.

106. pursuant to

법률, 계약, 규정 등에서 '~에 따라', '~에 의거하여', '~에 준하여'라는 뜻으
로 사용됩니다. 이는 어떤 합의, 지시, 규칙을 근거로 행동하거나, 내용이
그에 부합함을 나타내는 격식 있는 표현입니다.

> Not even a littel bit. Bring it on. We are doing everything we're
> supposed to be doing to comply with this **statute**.

107. statute

입법부에 의해 공식적으로 제정되고 문서화된 제정법, 법률, 법규를 뜻합
니다. 관습법과 달리 서면으로 명시된 법률을 의미하며, 종종 의회 등에서

제정된 법률을 지칭합니다. 주요 활용 예시로 'statute of limitation(공소 시효)'가 있습니다.

a law that has been formally approved and written down

* *Many state and federal statutes already cover identity theft.* / 많은 주와 연방 법률은 신분 절도를 이미 포함하고 있다.
* *A Christmas bonus is not covered by statute as your wages and your holidays are.* / 크리스마스 보너스는 당신의 월급이나 휴가와는 달리 법으로는 보장되어 있지 않다.

「Meet the Press」/ January 16, 2026 / 미니에폴리스 슈팅 등

As you may know, it has been used **sparingly**, but it has been used by previous presidents in American history.

108. sparingly

'드물게', '아껴서', '적게'라는 뜻을 가지며, 무언가를 낭비하지 않고 소량만 사용하거나 제한적으로 할 때 사용됩니다.

* *We had to use the resources sparingly.* / 우리는 자원을 절약해서 써야 했다.

Thanks to all of you for **starting us off**. Shaq, you have been there on the ground right in the middle of these protests for days now. **Walk us through** what you'e seeing and hearing today.

109. start us off~

우리가 ~을 시작하도록 돕다.

* My mother started me off on the piano when I was three. / 어머니는 내가 세 살 때 피아노를 시작하게 해 주셨다.

110. walk us through

차근차근 알게 하다, 자세히 알게 하다. 천천히 걸어가며 한 걸음, 한 걸음을 차근차근 알려주는 것으로 연극의 리허설에서 무대를 거닐며 연습하던 것에서 유래된 표현입니다.

* Let me walk you through the process. / 과정을 안내해 드릴게요.

「Meet the Press」 / January 25, 2026 / 알렉스 프레티 사망 사건

Did you see him at any point brandish a gun? Have you been told by law enforcement there on the ground that at any point he **brandished** a gun, that he threatened them with a gun?

111. brandish

위협적으로 휘두르다. 알렉스 프레티 사망 사건의 핵심 단어입니다. '과시하다/자랑하다'라는 뜻도 있습니다.

* *The thief brandished a kinfe. / 도둑이 칼을 휘둘렀다.*
* *She brandished her engagement ring. / 그녀는 약혼 반지를 과시했다.*

> But just make no mistake about it, this was an incredibly **split second** decision that had to be made by ICE offices confronting a very complicated, violent situation without a single local law enforcement officers in sight.

112. split second

'눈 깜짝할 사이', '아주 짧은 순간'이라는 뜻입니다. 초(second)를 나눌(splict) 정도로 짧은, 즉 1초도 안되는 찰나의 순간을 의미합니다.

> The video after shows him **pummeled** by these law enforcement.

113. pummel

'주먹으로 무엇인가를 반복적으로 세게 치다', '두들겨 패다'라는 뜻입니다. brandish와 함께 프레티 사망 사건을 관통하는 핵심 단어입니다.

That's the broader **backdrop debate**. But let me tallk to you more broadly about the actions of federal agents in Minnesota this week.

114. backdrop debate

어떤 특정 사건이나 발언이 일어난 시점의 사회적, 정치적 상황이나 환경, 논쟁의 배경을 의미합니다.

My question for you is, is it part of the **collateral damage**, something that the administration is willing to accept as a part of its crackdown on people who are here illegally?

115. collateral damage

군사적으로는 전쟁 중 특정 적군이나 군사 시설을 공격(Primary target)했을 때, 그 근처에 있다는 이유로 의도치 않게 다치거나 파괴된 민간이나 건물을 뜻하고, 일상이나 비즈니스 측면에서는 어떤 결정을 내리거나 행동을 했을 때, 원래 의도와는 상관없이 발생하는 간접적인 손실이나 부수적인 희생을 비유적으로 표현할 때 씁니다.

Fallout and frustration tonight after the release of millions of pages of Epstein documents showing the late convicted sex offender tied to the rich and powerful.

116. fallout

핵폭발 등으로 발생하는 방사성 낙진, 어떤 사건이 초래하는 부수적인 악영향, 여파, 후폭풍이라는 뜻을 가지고 있습니다. 정치적 스캔들이나 사업상 실패 이후 겪게 되는 불쾌한 결과나 후유증을 표현할 때 주로 사용됩니다.

* *The political fallout from the scandal was severe.* / 그 스캔들의 정치적 후폭풍은 심각했다.

트럼프[3]

Mr. Trump **capping off** unprecedented political comeback after two impeachments, 34 felony convictions and two assassination attempts.

001. cap off 끝마치다, 완료하다.

저는 아무리 생각해도 뜻이 와닿지 않아서, 혹시나 하는 마음에 미국에서 중·고등학교를 다닌 아들에게 물어보니, '뭐… 그냥 유추해보면 "끝낸다"라는 뜻 아니야?'하는데, 진짜 그런 내용이네요(ㅠ). 미국 중학교 교육과정을 옆에서 지켜보니, 엄청난 양의 독서를 시키는데, 모르는 단어가 나와도 사전 찾지 말고 뜻을 상상하면서 끝까지 완독하라고 합니다. 그러면서 단어의 뜻과 활용에 대한 감을 익히는 것 같습니다. 역으로 생각해 보면 우리가 한국말을 배울 때도, 모르는 단어가 나온다고 바로 사전을 찾기보다는 그냥 짐작하면서 끝까지 읽어나가는 것과 비슷한 것 같습니다. 역시 후천적인 학습에는 한계가 있습니다.

---

3 정리하다 보니 트럼프의 관련 내용이 많아 트럼프 관련 챕터를 따로 만들었습니다. 트럼프가 직접 말한 내용이나, 트럼프 관련 이벤트에 대한 설명들입니다.

President Biden telling him, welcome home. The incoming and outgoing first couple standing for the traditional **photo-op**.

002. photo-op

사진 활용 기회, photo opportunity의 줄임말로, 정치인, 유명인 또는 행사의 사진을 찍을 수 있도록 마련된 기회를 의미합니다. 닉슨 행정부 시절 백악관에서 처음 만들어진 용어로 알려져 있습니다.

Signing **a slew of** executive orders on day one, including on border security, after more than 10 million illegal border crossings in the last four years.

003. slew

많은 양. 'A slew of...' 형태로 쓰여 '수많은', '대량의'라는 뜻입니다.

a large amount or number

* a slew of ideas / 수많은 아이디어

[Trump] The FAA is recruiting workers who suffer severe intellectual disabilities, psychiatric problems and other mental and physical condition under a diversity and inclusion hiring initiative spelled out on the agency's website. Can you imagine?

But broadly speaking DEI is poison. It's hurt recruiting, it's hurt hiring, it's hurt **retention**.

004. retention

보유, 유지. the ability to keep or continue having something

* *customer retention* / 고객 유지
* *employee retention* / 인재 보유, 퇴사하지 않도록 붙잡는 것

[Trump] He is a **deranged** prosecutor, he is sick.

005. deranged

미친, 정신 나간

completely unable to think clearly or behave in a controlled way, especially because of mental illness

* *a deranged criminal* / 정신 나간 범죄자

President Trump heard on a **hot mic** late today. You can see him talking to French President Emmanuel Macron, appearing to say, quote, as crazy as it sounds, he thinks Putin wants to make a deal for him.

[Trump] I think he wants to make a deal for me, you understand that? **As crazy as it sounds.**

006. hot mic

마이크가 켜져 있는 줄 모르고 한 발언이 그대로 녹음되거나 방송되는 상황을 뜻합니다.

007. as crazy as it sounds

'얼핏 들으면 미친 소리 같겠지만', '이상하게 들릴 수도 있겠지만'이라는 뜻으로, 믿기 어렵거나 비정상적으로 들릴 수 있는 말을 강조하기 위해 사용합니다.

an introductory phrase used to preface a statement that may seem surprising, illogical, or hard to believe, but is nevertheless true

as 형용사 as it 동사

양보의 의미를 가진 부사절로 사용됩니다. 예를 들어 as 형용사 as it sounds는 '(형용사)하게 들릴 수도 있지만'의 뜻입니다.

* As difficult as it is, we should try our best. / 어려울 수도 있지만, 우리는 최선을 다해야 한다.

확장 As Good as It Gets

잭 니콜슨 주연의 「이보다 더 좋을 순 없다」의 영어 원 제목이 「As Good as It Gets」입니다. '더 이상 좋을 수 없는', '최상인' 등의 뜻입니다.

This is a Democrat **hoax** that never ends. Thousands of pages of documents have been given, but it's really a Democrat hoax.

008. hoax

사기

a humorous or malicious deception

House leaders and the White House say this particular congressional effort is basically **redundant**, pointing to a parallel push for documents by the Oversight Committee.

009. redundant

1) 중복된, 여분의, unnecessary because it is more than needed

2) 해고된, having lost your job because your employer no longer needs you

* In the sentence "She is single unmarried woman", the word "unmarried" is redundant. / '그녀는 싱글인 미혼 여성이다'라는 문장에서, '미혼'이라는 단어는 중복으로 사용된 사례이다.

* To keep the company alive, half the workforce is being made redundant. / 회

사를 살리기 위해 인력의 절반이 해고되었다.

redundancy

중복, 여분, 과잉의 명사 형태로도 많이 사용됩니다. 맥락에 따라 여러 의미로 사용되는데, 시스템 측면에서는 여분이나 안전장치, 글쓰기에서는 불필요한 반복, 인사 측면에서는 정리해고로 쓰이기도 합니다.

* *The aircraft has seven computer systems running in parallel, so as to provide enough redundancy to cope with computer breakdowns.* / 항공기에는 7개의 동일한 시스템이 가동 중인데, 이는 컴퓨터 고장에 대비한 충분한 여분을 제공하기 위함이다.

010. parallel

유사한

similar

* *Parallel experiments are being conducted in Rome, Paris and London.* / 유사한 실험이 로마, 파리, 런던에서 진행되고 있다.

And organizers tell me over 200,000 people showed up for the rally near the National Mall, and one thing top of mind for many here, the **decimation** of the federal workforce.

Scientist Bill Nye says that **decimation** leaves us all vulnerable.

011. decimation

데시메이션은 주로 디지털 신호 처리에서 신호의 샘플링 속도를 줄이는 다운 샘플링 과정으로, 매 M개 중 1개만 남기고 나머지를 버리는 방식이며, 역사적으로는 고대 로마 군대에서 죄를 저지른 병사 10명 중 1명을 처리했던 군율을 의미하기도 합니다. 데이터를 압축하거나 대규모 파괴를 비유적으로 나타내는 두 가지 주요 의미가 있습니다. 예문에서는 대량 학살, 대규모 파괴, 심각한 손실 등을 의미합니다.

the act of killing a something in large numbers, or reducing something severely

* *the virtual decimation of the population through influenza* / 감기를 통한 실질적인 인구의 대규모 감소

012. vulnerable

취약한

able to be easily physically or mentally hurt, influenced, or attacked

취약한 사람들, 취약 계층

people who can be badly affected by a disease because they already have health problems

* *Our Covid vaccination strategy is designed to protect the vulnerable, who are most at risk.* / 우리의 코비드 백신 접종 전략은 가장 큰 위험에 처한 취약 계층을 보호하도록 설계되어 있다.

NBC Nightly News / January 21, 2026 / 그린란드

[Trump] We want a piece of ice for world protection, and they won't give it. They have a choice. You can say yes, and we will be very **appreciative**, or you can say no, and we will remember.

013. appreciative

'감사해하는', '고마워하는' 또는 어떤 것의 '진가를 알아주는', '높이 평가하는'이라는 의미를 가지 형용사입니다. 감사를 좀더 격식있게 표현할 때 많이 사용됩니다. 사람이 먼저 나올 때는 She was very appreciative of our help. 같은 형태로, it 을 먼저 쓰면, It would be highly appreciated if… 라는 형태로 많이 사용됩니다.

> Cigna said ambulance companies are among the most **egregious** billers in the health care system and that many choose not to contract with health insurers, which allows them to charge significantly higher rates.

014. egregious

'지독한', '터무니없는', '악명 높은'이라는 뜻의 형용사로, 눈에 띄게 나쁘거나 충격적인 상황을 묘사할 때 사용합니다. 라틴어 'ex'(~에서 멀리)와 'grex/greg'(무리)에서 유래하여 원래는 '무리에서 두드러지는'이라는 긍정적 의미였으나, 현재는 '매우 나쁜 쪽으로 두드러진다'라는 뜻으로 정착되었습니다.

NBC Nightly News / February 4, 2026 / 뉴스 앵커 트럼프 대통령 인터뷰

> We covered that in so much more but we begin with that **drawdown** in Minneapolis. Okay, let's **drill down** into the news today. That big change of immigration, 700 officers leaving Minneapolis. Did that come from you?
>
> [Trump] Yes it did. But it didn't come from me because I just wanted to do it.

015. drawdown

분야에 따라 크게 금융, 환경, 군사/정치적 의미로 나뉩니다.

1) 일반적으로 금융 분야에서 사용되는데, 투자 자산의 고점(peak)에서 저점(trough)까지 하락한 최대 폭을 의미합니다. MDD(Maximum Drawdown)은 특정 기간 중 발생한 가장 큰 하락폭을 의미하며, 투자 전략의 안정성을 평가하는 핵심 지표로 쓰입니다.

2) 환경 분야에서 사용될 경우, 대기 중의 온실가스 농도가 정점에 도달한 후, 매년 실질적으로 감소하기 시작하는 시점을 의미합니다. Project Drawdown은 기후 위기를 해결하기 위한 구체적이고 과학적인 솔루션을 제시하는 국제적인 프로젝트 이름이기도 합니다.

3) 군사 및 정치 분야에서 사용될 경우, 분쟁 지역이나 특정 지역에 배치된 병력이나 자원을 단계적으로 철수하거나 축소하는 것을 의미합니다. 예문은 미니애폴리스 이민국 공무원 700명 축소를 의미합니다.

확장 trough

어물통, 파동의 골, 해곡 등 길고 좁게 파인 곳을 의미하며, 경제나 기상 분야에서는 최저 지점이나 골짜기를 뜻합니다.

016. drill down

데이터 분석에서는 요약된 지표를 클릭하여 그 세부 내역을 확인하는 분석 기법입니다. 전체 매출 확인→특정 분기 클릭 →특정 월 클릭→개별 상품별 매출 확인 등과 같습니다. 일반적으로는 어떤 문제나 주제에 대해 '철저히 조사하다'라는 비유적 표현으로도 쓰입니다.

* *We need to drill down into the cause of this error. / 이 에러의 원인을 철저히 파헤쳐봐야 합니다.*

[Trump] We allowed in our country, I say 25 million people with an open border policy for four years under Biden and that group, the auto pen group, I call them, we allowed to come into our country, people **the likes of which** no country would accept and we're getting them out.

017. the likes of which

주로 앞서 언급한 대상과 '비슷한 것' 또는 '그와 같은 것'을 의미합니다. 주로 명사 뒤에 위치하며 구조적으로 명사구를 수식하는 관계절 역할을 합니다. 사람을 지칭할 때는 단순히 비슷한 류를 의미하거나 약간 비하하는 뜻을 내포할 수 있으나, 사물이나 사건에서는 강조의 의미가 더 강합니다.

* *It's been a stint the likes of which we may not witness again.* / 우리는 다시는 목격하지 못할 수도 있는 기간이었다.

확장 018. stint

흔하게는 힘든 일이나 업무에 종사한 일정한 기간을 뜻합니다.

* *He did a two-year stint in the army.* / 그는 2년 동안 군대에서 복무했다.

[Trump] And then I see them **ranting and raving** out there, literally as though a call wasn't made. We've done a great job everywhere.

019. rant and rave

'화가 나거나 좌절하여 고래고래 소리를 지르다', '마구 고함치다', '분통을 터뜨리다'라는 뜻입니다.

* *He was ranting and raving about the service.* / 그는 서비스에 대해 화가 나서 마구 소리를 질러댔다.

> [Trump] From Venezuela, where we had great success, **you will admit**.

020. You will admit

문장 뒤에 위치한 you will admit은 주로 앞선 내용이 부인할 수 없는 사실이거나 곧 상대방이 인정하게 될 것임을 강조할 때 사용하는 표현입니다.

* *It's tough decision, you will admit.* / 그것은 힘든 결정이죠, 당신도 인정하겠지만.

[Trump] We've taken in hundreds of billions of dollars, not millions, hundreds of billions of dollars. As so I said, well, what happens to all the money that we took in? It wasn't discussed. **Wouldn't you think** they would have put one sentence in there saying that keep the money or don't keep the money, right? I guess it has to get litigated for the next two years. We'll **end up being** in court for the next five years.

[Anchor] So how big of a defeat does the administration **see** today's decision **as** being?

021. Wouldn't you think ~

'~인 것 같지 않아?'라는 뜻으로, 상대방의 동의를 구하거나 자기 의견을 넌지시 강조할 때 사용합니다. 단순한 질문이라기보다 '당연히 그렇다고 생각하지?'라는 뉘앙스가 깔려 있는 경우가 많습니다.

 * *Wouldn't you think it's a bit too expensive? / 이거 좀 너무 비싼 것 같지 않니?*

022. end up being

'결국 ~하게 되다'라는 뜻으로, 단순히 '된다(become)'는 사실보다 여러 과정을 거치거나 우여곡절 끝에 도달하게 된 결과에 초점이 맞춰져 있습니다.

 * *I thought it would be easy, but it ended up being quite difficult. / 쉬울 줄 알았*

는데, 결국 꽤 어렵게 되어버렸어.

023. see A as B + 의문문

문장의 구조가 조금 복잡해 보이는데, 핵심은 의문문과 'A를 B로 여기다 (see A as B)'라는 표현이 합쳐진 형태입니다.

평서문으로 바꾸면 다음과 같습니다. The administration see today's decision as being a big defeat. 문장이 as being으로 끝나니 많이 어색하네요.

NBC Nightly News / February 23, 2026 / 마러라고 리조트 총격 사건

President Trump faced two assassination attempts in 2024.
[Trump] You read about all these crazy shooters, but they only go after **consequential** presidents.

024. consequential

'결과로 일어나는', '중요한(중대한)'이라는 뜻을 가집니다. 어떤 일의 결과로 발생하는 사건이나 손해(consequential damages)를 지칭하거나 결과가 매우 중요하여 중대한 영향을 미치는 상황을 묘사할 때 사용됩니다. 예문은 '중요한 대통령'으로 해석됩니다.

반의어 inconsequential 중요하지 않은, 사소한

* *The company faced severe financial problems as a consequential result of the strike. / 파업의 결과로 발생한 결과로, 회사는 심각한 재정 문제에 직면했다.*

* *A consequential decision / 중대한 결정*

* *Consequential damages / 결과적 손해, 계약 위반으로 간접적으로 발생한 손해*

법정

Okay, now to a big announcement from Sean Diddy Combs's lawyers, who said witnesses in his federal sex trafficking and **racketeering** trial.

001. racketeering

이익을 목적으로 조직적인 범죄를 반복하는 행위

the act of practice of making money through dishonesty or illegal activities

Tonight, as we come on the air, murder suspect Brian Coburger appears to be accepting a **plea deal**. What we're learning about the 30 year old suspect accused of killing four University of Idaho students.

002. plea deal, plea bargain, plea agreement

피고인이 유죄를 인정하는 대가로 검찰이 형량을 낮춰주거나 기소 항목을 줄여주는 '유죄 협상 제도'입니다. 공식 용어로는 Plea Bargaining(플리 바게닝)이라고 합니다.

A legal arrangement in criminal law where the defendant agrees to plead guilty or no contest to a charge in exchange for concessions from the prosecutor. These concessions can include a reduction in the severity of the charges, the dismissal of some charges, or a more lenient sentencing recommendation.

plea

법정에서 피고인이 자신의 유죄나 무죄 여부를 밝히는 '답변' 또는 '항변'을 뜻합니다. 법원 밖에서는 '간청'이나 '애원'이라는 뜻으로 쓰입니다.

an urgent and emotional request

법률 a statement made by a someone in a court of law in which they say if they are guilty of something that they are accused of an urgent and emotional request

* _She entered a plea of not guilty in federal court Friday to multiple extortion and bribery charges._ / 그녀는 다수의 강요 및 뇌물 혐의에 대해서 금요일 연방법원에서 무죄를 항변했다.
* _The president mad a strong plea to Congress to vote on the health-care bill._ / 대통령은 건강 법안에 투표해달라고 의회에 간청했다.

enter a plea 공판장에서 죄를 인정하거나 부인하는 답변을 하다.
withdraw a plea 유/무죄 항변을 철회하다.

확장 003. plead

plea가 '답변'이라는 명사라면, plead는 그 답변을 하는 동사입니다.

to make an urgent, emotional statement or request for something

* _Plead guilty._ / 유죄를 인정하다.
* _Plead not guilty._ / 무죄를 주장하다.
* _Plead the Fifth._ / 미국 수정헌법 제5조에 따라 자신에게 불리한 진술을 거부하다, 묵비권을 행사하다.

...participated in the so-called **freak offs** involving Venture...

004. freak off

파티 뒤풀이, 섹스 파티 등

Part of a **concerted** campaign against the company that helped make the Tesla CEO the richest person in the world.

005. concert

'협의하다' 또는 '계획을 세우다'라는 뜻으로, 여럿이 힘을 합쳐 일을 꾸밀 때 사용합니다.

arrange something by mutual agreement or coordination

* They started meeting regularly to concert their tactics. / 그들은 전술을 협의하기 위해 정기적으로 만나기 시작했다.

in concert

'~와 협력하여'라는 뜻으로, 혼자가 아니라 다른 사람이나 집단과 호흡을 맞춰 함께 행동할 때 씁니다.

together

* *If the member countries would act in concert, the problem might be solved more easily.* / 회원국이 협력하여 행동하면 문제는 보다 쉽게 풀릴 수도 있다.

Sabato's students at UVA are now **combing** through the records for new clues.

---

006. comb

낱낱이 뒤지다. comb through 형태로 많이 쓰입니다.

to search a place or an area very carefully in order to find something

* *Investigators combed through the wreckage.* / 조사원은 잔해를 낱낱이 뒤졌다.

Tonight, Brendan Banfield **impassive** as the verdict was read. Find the defendant quilty of **aggravated** murder.

007. impassive

감정을 전혀 드러내지 않거나 무표정한 상태를 의미합니다. 주로 감정 변화가 없거나 표정이 없는 얼굴(impassive face)을 묘사할 때 사용됩니다.

* *He kept his face impassive but his mind was racing.* / 그는 표정 없는 얼굴을 유지했지만, 마음은 정신이 없었다.

008. aggravate

상황이나 상태를 '더 악화시키다' 또는 누군가를 '짜증나게 하다'라는 의미로 쓰입니다. 공식적인 문서에서는 '악화시키다'는 뜻으로 주로 쓰이고, 일상 대화에서는 '짜증나게 하다'는 뜻으로도 자주 쓰입니다.

* *The cold weather aggravated his cough.* / 추운 날씨가 그의 기침을 악화시켰다.
* *Stop aggravate your sister!* / 여동생 좀 그만 괴롭혀!

동의어 009. regress

'퇴보하다', '역행하다', '이전의 덜 발전되거나 더 나쁜 상태로 되돌아가다'라는 의미를 가진 동사입니다. 통계학에서는 다중선형회귀 등을 통해 데이터를 분석하는 '회귀 분석'을 의미하기도 합니다.

To return to a previous and less advanced or worse state, condition, or way of behaving

* *When he stopped playing sports he regressed to old habits and became more distant.* / 운동을 그만뒀을 때 그는 오래된 습관으로 퇴보했고 더 멀어졌다.

At the Captiol, new word, the Clintons will provide the testimony the House Oversight Committee has been seeking, according the the former president' spokesperson, with that news coming ahead of a planned vote this week to **hold the former first couple in contempt**.

---

010. hold someone in contempt

'누군가를 법정 모독죄로 다루다'라는 뜻입니다.

* *He was held in contempt of court.* / 그는 법정 모독죄로 붙잡혔다.

The Justice Department today says it worked through the weekend to take down several thousand files that **inadvertently** identified victims, with some survivors furious.

011. inadvertently

'무심코', '의도치 않게', '우연히'라는 뜻을 가진 부사로, 의도하지 않게 어떤 행동을 하거나 그로 인해 결과를 초래했을 때 사용합니다.

He inadvertently deleted the file. / 그는 실수로(무심코) 파일을 지웠다.

전쟁

What more do we know about President Trump's call for a ceasefire? Well, Tom, it was **less of a call** as a more of a unilateral announcement.

001. less of a + 명사

성격이나 특성이 덜할 때 사용합니다. '~라고 하기에는 부족한' 혹은 '~라기보다는 덜 ~한'이라는 의미입니다.

* *It was less of a success than I'd hoped.* / 내가 기대했던 것 보다 성공적이지 못했다.

> Air defense systems immediately lit up the sky over the **sprawling** Al Udeid air base.

002. sprawling

'넓은 지역에 걸쳐 불규칙하게 뻗어 나가는', '제멋대로 뻗어 나가는'이라는 뜻입니다. 주로 도시, 건물, 정원 등이 계획 없이 불규칙하게 교외로 확장되는 모습을 묘사할 때 사용됩니다.

covered with buildings across a large area, often ones that have been added gradually over a period of time

* *sprawling suburbs* / 넓게 펼쳐진 교외 주택가

NBC Nightly News / June 24, 2025 / 이란 이스라엘 전쟁

> President Trump **rebuking** both Israel and Iran today over their actions in the **tenuous** hours as his ceasefire agreement was about to start.
>
> Tonight, President Trump in Netherlands for the NATO summit, wielding a diplomatic win on the world stage, with the **tenuous** ceasefire between Israel and Iran still holding.

003. rebuke

꾸짖다, 질책하다, 비난하다.

to speak angrily to someone because you disapprove of what they have said or done

동의어 berate, chide, lambaste

* I was rebuked by my manager for being late. / 늦어서 매니저에게 혼났다.

004. tenuous

얇고 가는, 미약한/희박한, 불안정한

thin, weak, and easily broken, in doubt

* The police have only found a tenuous connection between the two robberies. / 경찰은 두 강도 사건 사이에서 미약한 연관성을 찾았을 뿐이다.

Still, his **all-cap** style of diplomacy under stress tonight.

---

005. all caps

일반적으로는 모든 글자를 대문자로 쓴다는 All Capitals의 줄임말입니다. 제목이나 중요 문구, 광고 등에서 눈에 띄게 강조 할때 사용되고, 채팅이나 이메일에서 '소리 지르는 것' 또는 '화난 상태'를 의미하기도 합니다.

In online slang, 'all caps' typically means someone is shouting or being overly emphatic, especially in a text-based communication like messaging or online forums. It's generally considered poor online etiquette to use all caps for extended periods, as it can be interpreted as rude or aggressive.

The red carpet European welcome, quite a contrast to the blunt and **profane** way he left Washington today.

006. profane

'불경스러운', '신성을 더럽히는', '세속적인'이라는 뜻입니다.

showing no respect for a god or a religion, often through language (profane language)

NBC Nightly News / August 15, 2025 / 러-우 사태

Did the Russian leader **go off script**? The two leaders meeting for hours behind closed doors.

007. go off script

'대본에서 벗어나다'는 뜻으로, '원래 계획, 예상, 대본, 준비된 원고에서 벗어나 즉흥적으로 말하거나 행동하는 것'을 의미합니다.

to deviate from a pre-written text or plan

*He went off script during the speech. / 그는 연설 중에 준비된 대본에서 벗어나 즉흥적으로 말했다.

> The Russian leader calling their meeting, quote, constructive, and President Trump **hailing** great progress.

008. hail

1) 우박. small, hard balls of ice that fall from the sky like rain
2) 부르다. to call someone in order to attract their attention
3) 환호하다/찬양하다. to publicly praise or show approval for a person or an achievement

*Shall we hail a taxi? / 택시를 부를까?
*He has been hailed as one of the finest tenors in the operatic world. / 그는 오페라 세계에서 가장 훌륭한 테너중 한 명으로 찬양되었다.
*Hail to the King! / 왕을 찬양하라!

확장 a hail of something

a lot of similar things or remarks, thrown or shouted at someone at the same time

*a hail of bullets / 총알 세례, 빗발치는 총알

* *There will be widespread showers of rain, hail and sleet.* / 소나기, 우박, 진눈깨비가 내리겠습니다.

> ...but the political pressure **ramping up** on him to end this war, which he vowed he could end within the first 24 hours of taking office

009. ramp up

늘리다, 증가하다

a large increase in activity or in the level of something

* *The company is ramping up production.* / 회사는 생산량을 늘리고 있다.
* *They saw a ramp-up in orders.* / 오더가 증가했다.

NBC Nightly News / August 17, 2025 / 러-우 사태

> Zelensky is clearly hoping to avoid the embarrassment of his last visit when he was **over-talked** and ultimately kicked out of the White House.

010. talk over

크게 두 가지 뜻으로 쓰입니다. 첫째, '어떤 계획이나 문제를 철저하게 논의하고 상의한다'라는 뜻입니다. 둘째, '다른 사람이 말하는 중에 말을 끊거나 크게 말하여 끼어든다'는 의미로도 자주 사용됩니다. 예문에서는 두 번째 뜻입니다.

to discuss a problem or situation with someone, often to find out their opinion or to get advice before making a decision about it

* *I would like to talk it over with my wife first.* / 내 아내와 먼저 상의하고 싶다.
* *I hate it when people talk over me at meetings.* / 사람들이 회의 때 내 말을 끊는 게 싫다.

As president Zelensky heads back to Washington, Ukrainians will be watching how he's received. Will he get a red carpet or another **cold shoulder**.

011. cold shoulder

누군가를 의도적으로 냉대하거나 쌀쌀맞게 대하거나, 무시하는 행동을 뜻하는 관용구입니다. 주로 give/get someone the cold shoulder 형태로 사용됩니다.

an unfriendly attitude shown to someone or something, especially by intentionally ignoring or showing no interest in them

* *The young entrepreneur got the cold shoulder from the business establishment.* / 젊은 기업가는 비즈니스 세계에서 냉대를 받았다.

BBC Global News / August 17, 2025 / 아프칸 전쟁 때 협조하고 미국에 거주하고 있는 통역사를 ICE에서 구금. 이에 항의하는 인터뷰

I came here because I think it's just **unconscionable**. And I think that it's short-sighted to think that we can do this type of stuff and not lose our credibility.

「Meet the Press」/ March 16, 2025 / 트럼프 행정부 여론조사 등

It's an unacceptable, **unconscionable**, and un-American spending bill.

012. unconscionable

1) 양심에 어긋나는, morally unacceptable
2) 터무니 없는, 부조리한, 과도한, unacceptably great in amounts

* _To make people feel shame or guilt for being ill is unconscionable._ / 아픈 것으로 수치심을 느끼게 하거나 죄를 지은 것처럼 느끼게 하는 것은 양심에 어긋나는 짓이다.

* _After waiting for an unconscionable amount of time, we were told to come back later._ / 과도한 시간을 기다리고 난 후에 우리는 다시 오라는 얘기를 들었다.

사건, 사고

NBC NBC Nightly News / January 31, 2025 /
비행기, 헬기 공중 충돌 사고

Officials also revealing they now have all the black boxed from the **stricken** airliner and the Army Blackhawk helicopter

NBC NBC Nightly News / August 10, 2025 / 산불

We have a drought-**stricken** forest that basically burns like gasoline. It'll burn really fast, you know, almost as fast as a car can drive.

001. stricken

'치다(strike)'의 과거분사형으로, 주로 병, 슬픔, 재난 등에 심각하게 '시달리는', '피해를 입은', '~에 덮친'이라는 의미의 형용사로 쓰입니다. 비유적으

로 고통받거나 압도된 상태를 나타내며, drought-stricken(가뭄이 덮친), panic-stricken(공포에 질린) 등의 복합어 형태로 자주 사용됩니다.

> With victims still in the water, a salvage team will soon work to raise the **fuselage**.

002. fuselage

항공기의 주된 몸체 부분으로, 승객, 화물을 수용하며 날개 등을 연결하는 중심 구조물을 말합니다.

확장 aerofoil(또는 airfoil)

비행기 날개를 수직으로 자른 단면으로, 공기 중에서 이동할 때 항력(drag, 운동 방향과 평행하게 저항하는 힘)보다 양력(lift, 물체를 띄우는 힘)을 훨씬 많이 생성하도록 설계된 유선형 모양을 의미합니다.

> Today, the FAA announced it is restricting helicopter traffic around the airport to all the police and **medevac** flights.

003. medevac

medical evacuation. 부상자나 환자를 의료진과 장비가 갖춰진 헬기, 항공기, 지상 구급차 등을 이용해 신속하게 병원으로 이송하며 도중에 치료를 제공하는 시스템입니다.

> The NTSB hopes to get a **readout** tomorrow…

004. readout

컴퓨터, 센서 등 자동화 기기에서 정보를 검색하여 화면, 인쇄물, 음성 등으로 표시하는 과정 또는 그 결과물을 말합니다. 회의나 상황에 대한 요약 보고를 뜻하기도 합니다.

1) information produced by electronic equipment, shown in print, on a screen or by sound
2) an official statement summarizing the points discussed during a meeting or phone call between diplomats or political figures

* *We'll have a project readout session with the stakeholders tomorrow.* / 내일 이해 관계자들과 프로젝트 결과 공유 세션을 가질 예정입니다.

> They're in great hands, but we know the **gravity**.

005. gravity

어떤 상황이나 사건의 엄중함 또는 결과의 심각성을 뜻합니다.
seriousness

* *I don't think you understand the gravity of the situation.* / 너는 상황의 심각성을 이해하지 못하는 것 같다.

So far, no one has been arrested, as police **stitched** together what happened and looked for the people responsible.

006. stitch

바느질하다, 상처를 봉합하다, 옆구리 결림(a sharp pain in the side of your stomach or chest, often caused by not breathing enough when running or laughing) 등 다양한 뜻으로 쓰입니다. 예문에서는 '경찰이 벌어진 일을 종합하다' 정도로 해석됩니다.

확장 not a stitch

주로 옷과 관련하여 '아무 것도 걸치지 않은' 또는 '입을 옷이 전혀 없는' 상태를 강조할 때 쓰는 관용구입니다. 가장 흔한 쓰임새로, 몸에 실오라기 하나 걸치지 않았을 때 without a stitch on 또는 not wearing a stitch 라고 표현합니다.

* *She ran to the bathroom without a stitch on.* / 그녀는 아무 것도 입지 않은 채 욕실로 달려갔다.

The investigation so far reveals that there is an **altercation** between two groups of people, and that **altercation** escalated to gunfire between both groups.

007. altercation

공공장소 등에서 발생하는 큰 소리의 언쟁, 말다툼, 격렬한 논쟁을 뜻합니다.

a loud argument or disagreement

동의어 Affray 공공장소에서의 싸움, a fight in a public place

* *He was charged with causing an affray at the nightclub.* / 그는 나이트클럽에서 싸움을 일으킨 혐의로 기소되었다.

동의어 Fracas 소동, a noisy argument or fight

* *He was injured in a Saturday-night fracas outside a disco.* / 그는 토요일 밤 디스코 클럽 밖에서 벌어진 소동에서 다쳤다.

The global travel chaos is slowly **unraveling** as flights have now fully resumed at Heathrow Airport.

008. unravel

엉킨 실, 매듭, 천 등을 '풀다', '흐트러지다' 또는 복잡한 문제/수수께끼를 '해명하다', '해결하다'라는 뜻입니다. '구조나 관계가 무너지다'라는 뜻으로도 쓰입니다.

separate into a single thread, make it known or understood, destroyed

* You had better mend that hole before the whole sweater starts to unravel. / 전체 스웨터가 풀어지기 전에 그 구멍을 고치는 게 좋겠다.

* We have a long way to go before we unravel the secrets of genetics. / 우리가 유전학의 비밀을 밝혀내기까지는 아직 갈 길이 멀다.

* As talks between the leaders broke down, several months of careful diploma- cy were unravelled. / 지도자들간의 대화가 틀어지면서 수개월에 걸친 조심스러운 외교 노력이 무너졌다.

> More than 1,300 flights were disrupted, and today airlines rushing to clear the **backlog**.

009. backlog

'밀린 일', '작업 대기 목록'을 뜻합니다. 벽난로 뒤(back)에 쌓아둔 통나무 무더기(log)에서 유래하여, 처리해야 할 일이 쌓여있는 상태를 뜻합니다.

a large number of things that you should have done before and must do now

* *I've got a huge backlog of work to do.* / 할 일이 쌓여있다.

> You're not seeing big lines anywhere, but when you look at the boards, you can see there's still **lingering** cancellations.

010. linger

'오래 남다', '계속 지속되다', '더 오래 머물다'라는 뜻을 가진 동사입니다.

to take a long time to leave or disappear

* *The smell from the fire still lingered days later.* / 화재의 냄새가 며칠 후에도 남아 있다.

> Passengers caught in a **tangle** of misconnections.

011. tangle

무언가가 복잡하게 얽히거나 꼬인 상태를 의미합니다.

an untidy mass of things that are not in a state or order, or a state of confusion or difficulty, to become or cause something to become a messy mass of things

* *a tangle of wires / 꼬인 전선들*
* *I tangled the cables and don't know which is which. Her hair tangles easily. /*
  전선을 꼬이게 했는데 뭐가 뭔지 모르겠다.

NBC NBC Nightly News / June 24, 2025

> Deadly heat wave, more than 150 million sweltering under an unrelenting heat dome. Pavement **buckling** across the Midwest.

012. buckle

'벨트나 가방의 잠금장치', '열이나 압력으로 찌그러지거나 압박에 못 이겨 굴복하다' 등을 뜻합니다.

to bend something or become bent, often as a result of force, heat, or weakness

* *The intense heat from the fire had caused the factory roof to buckle.* / 불에서 나오는 강렬한 열기가 공장 지붕을 찌그러지게 만들었다.

And Cliffhanger, the semi-driver hanging on for dear life as his truck dangles over a rock **ledge**.

013. ledge

벽 따위에서 돌출되어 있는 선반

a narrow shelf that sticks out from a vertical surface

확장 bug out

stick out은 어떤 물체가 표면 밖으로 돌출되어 있는 상태를 말하고, bug out은 눈이 커지고 튀어나오는 상황입니다. bug out은 '급히 떠나다', '대피하다'라는 뜻으로도 쓰입니다. Bug-out bag 생존 배낭

* *My eyes bugged out when I saw the bill.* / 청구서를 보니 눈이 휘둥그레졌다.
* *His eyes stick out more than other.* / 그는 다른 사람보다 눈이 좀 튀어나온 편이다.
* *It's time to bug out before the storm hits.* / 폭풍이 오기 전에 빨리 대피해야 해.

Also tonight, check out this monster jellyfish **washing up** on Maine's shore.

014. wash up

1) 쓸려오다. to appear on land because the ocean or a river or lake left it there

2) 토론이나 비즈니스 문맥에서는 '사후 평가'로도 쓰입니다.

a discussion after an event in which people talk about what happened, what could have been done better, etc.

* *Spoiled oil has washed up on beaches behind the wreck.* / 유출된 기름이 잔해 뒤 해변으로 쓸려왔다.

* *The wash-up of his failed campaign will be done in the months to come.* / 그의 실패한 선거 캠페인의 사후 평가 회의는 몇 달 후에 개최될 예정입니다.

And they kill two firefighters and wound some others who may be in serious condition. So a very **exacerbated** situation, Hallie, up there.

015. exacerbate

'악화시키다', '더 심하게 만들다'라는 뜻입니다.

to make something that is already bad even worse

* His attack will exacerbate the already tense relations between the two communities. / 그의 공격은 두 공동체 간의 이미 긴장된 관계를 악화시킬 것이다.

The giant **plumes** of smoke at the Grand Canyon forcing evacuations.

016. plume

크게 두 가지 의미를 가집니다. 첫째는 장식용 깃털을 뜻하며, 둘째는 연기, 가스, 먼지, 물방울 등이 깃털처럼 피어오르거나 길게 뿜어져 나오는 기둥 형태의 덩어리를 의미합니다.

a plume of dust, smoke, etc. a tall, thin mass of smoke, dust, or similar substance that rises up into the air

* After the explosion, a plume of smoke could be seen in the sky for miles around. / 폭발 후에 연기의 기둥을 몇 마일 주변에서도 볼 수 있었다.

NBC Nightly News / July 11, 2025 / 탈옥, Devil in the Ozarks

The incredible new details on the man **dubbed** the devil of Ozarks.

017. dub

주로 영화나 영상의 음성을 다른 언어 등으로 바꾸는 '더빙하다'를 뜻하며, 이외에도 '~라는 별명으로 부르다', '기사 작위를 수여하다'라는 의미로 사용됩니다.

1) to give something or someone a particular name, especially describing what you think of it, him, or her
2) to give a man the rank of knight, an honor given by a British king or queen, in special ceremony that involves touching his shoulders with a sword

King John knighted him and dubbed him Sir Richard. / 존 왕은 그에게 기사 작위를 수여했고 그를 리처드 경이라고 불렀다.

New details emerging on how **a former police chief turned convicted murderer** managed to escape an Arkansas prison.

018. A turned B 명사

A turned 명사 B 구조는 A 이었다가 B가 된 사람을 뜻합니다. Singer-turned-actor(가수에서 배우로 전향한 사람), friend-turned-enemy(친구에서 적이 된 사람)

… a pair of wooden pallets **fashioned together** to make a ladder…

019. fashioned together

'함께 만들어진', '함께 빚어진', '하나로 짜맞추어진'이라는 뜻이 있습니다.

combined, created, or shaped from separate parts into a cohesive whole, often with a degree of craftmanship or design

---

He has now been moved to a **supermax** facility and faces new escape charges for which he's pleaded not guilty.

020. supermax

최고 수준의 보안을 뜻하는 'Super-Maximum Security'의 줄임말로, 가장 위험한 흉악범이나 탈옥 위험이 높은 수감자들을 격리 수용하는 초고보안 교도소나 그 구역을 말합니다.

having or relating to the very highest levels of security

* *a supermax jail* / 최고 보안 교도소

NBC Nightly News / July 11, 2025 / 비행기 사고

This report suggests that those switches were moved by a person. Whether it was **inadvertent** or deliberate, we don't know yet.

021. inadvertent

고의가 아닌, 무심코 한, 우연한

not intentional

* *All authors need to be wary of inadvertent copying of other people's ideas.* / 모든 작가는 무심코 다른 사람의 아이디어를 카피하는데 주의해야 한다.

동의어 haphazard 질서 없이 무계획적인, 뒤죽박죽인

* Her cabinet were stuffed with a haphazard jumble of books, clothes, tins of soup, and papers. / 그녀의 책장은 뒤죽박죽인 책들, 옷들, 종이들로 가득 차 있었다.

확장 arbitrary

임의의, 자유재량에 따른, 독단적인

* He chose an arbitrary number. / 그는 임의의 숫자를 골랐다.
* The judge made an arbitrary decision. / 판사는 자유재량에 따른 결정을 내렸다.

NBC Nightly News / July 11, 2025 / 텍사스 홍수

Today, survivors **reckoning** with reality.

022. reckon

1) 생각하다. to think or believe
2) 여기다/예상하다. to consider or have the opinion that something is as stated
3) 계산하다. to calculate an amount

* I don't reckon much of their chances of winning. / 비가 올 것 같다.
* She quickly reckoned the amount of her fingers. / 그들이 이길 확률은 그리 높지 않은 것 같다.

확장 reckon with 중요하게 고려하다, 대처하다

확장 to be reckoned with 중요하게 고려해야 하는

worth taking seriously because of being powerful, important, or good

- *We have to reckon with the consequences of our actions.* / 스스로의 행동에 따르는 결과를 고려해야 한다.
- *Are unions still a force to be reckoned with?* / 노동조합은 여전히 고려해야 할 대상인가요?

확장 reckoning

계산, 결산, 심판, 평가. 영화 '미션 임파서블: 파이널 레코닝'에서는 시리즈의 최종장을 의미합니다.

> Search crews tell me they are prepared to be here working for the next several weeks, **if not** months.

023. if not

'~은 아니더라도'라는 양보의 뜻을 나타냅니다.

used to introduce an alternative possibility or condition

- *It was a good, if not great, movie.* / 위대한 영화는 아니었을지라도, 좋은 영화였다.

…example of labor trafficking an child trafficking, which are **heinous** crimes…

024. heinous

'극악무도한', '흉악한' 이라는 뜻으로, 매우 나쁘고 충격적이거나 사악한 행동을 묘사할 때 사용합니다.

very bad or shocking

동의어 atrocious, wicked, monstrous

Investigators say they found 14 **improvised** explosive devices in his home, including one that was **smoldering** in the suspect's bedroom.

025. improvise

'즉흥적으로 하다', '임시변통하다', '즉석에서 만들다'라는 뜻입니다.

* I forgot to prepare notes for the meeting, so I had to improvise. / 회의 노트를 준비하지 않아서, 즉석에서 임시변통해야 했다.

026. smolder

주로 '불이 연기만 내며 그을다, 속에서 타다'라는 의미이며, 비유적으로 '분노나 사랑 같은 감정이 마음속에 맺히다/쌓이다'라는 뜻으로도 쓰입니다.

1) **문제** If a problem or unpleasant situation smolders, it continues to exist and may become worse at any time.

2) **감정** If a strong emotion smolders, it exists, but it is prevented from being expressed.

3) **일반** to burn slowly with smoke but without flames

* *The dispute is still smoldering, five years after the negotiations began.* / 분쟁은 협상이 시작된 지 5년이 지났지만, 아직도 지속되고 있다.

* *She was smoldering with rage as she explained how her son had been killed.* / 그녀는 아들의 죽음을 설명하면서 분노가 일었다.

* *a smoldering fire, The fire was started by a smold ering cigarette.* / 불은 연기 없이 천천히 타오른 담배에서 시작되었다.

He needs to publicly denounce the **vilification** of federal workers and CDC specifically. The health secretay has previously made comments like this unfounded claim about the COVID vaccine.

027. vilification

욕설, 비방, 중상

abusively disparaging speech or writing

동의어 defamation, calumny, slander

확장 **disparage** 폄하하다, 깔보다

확장 **vindicate** 결백함을 입증하다, clear(someone) of blame or suspicion

* 해리포터 아즈카반의 죄수, 'Vindicated' / 시리우스 블랙의 무죄가 입증되었을 때 마법 신문에 'Vindicated'라는 제목의 기사가 보입니다.

This was the scene at New York's La Guardia Airpot today. The drop-off area usually packed with cars mostly empty as the biggest storm of the season **barrels** east.

028. barrel

'가운데가 불룩한 통' 또는 '고속으로 달리다'는 뜻으로 쓰입니다.

to travel somewhere very quikcly

* *We were barreling along the autobahn at 180 kph.* / 아우토반에서 시속 180km 로 달리고 있었다.
* *US winter storm barrels toward east with millions under weather warnings.* / 수백만 명이 날씨 경보에 영향을 받는 가운데 겨울 폭풍은 동쪽으로 이동했다.

NBC News asked the Pima County Sheriff if Nancy's pacemaker could prove she's alive. He said it's not **definitive**.

029. definitive

'최종적인', '확정적인', '결정적인'이라는 뜻의 형용사입니다. '가장 권위있는/최고의'의 뜻으로도 쓰입니다. definite은 '분명한/확실한' 그 자체를 뜻하지만 definitive는 '결정적인/최종적인'이라는 완성된 뉘앙스가 더 강합니다.

* A definitive agreement / 최종 계약
* The definitive biography of Lincoln / 링컨에 대한 가장 결정적인 평전

If there were other aspects of that glove that tied it to either Nancy or someone who's already been looked at as a person of interest, then it would rise very quickly in priority. But at this point, it's more like a **Hail Mary**.

030. hail mary

미식 축구에서 경기 종료 직전, 패색이 짙은 상황에서 역전을 노리고 던지는 성공 확률이 매우 낮은 긴 패스를 뜻하는 용어입니다. 성모 마리아를 찬송하는 기도에서 유래합니다. 1930년대 미식 축구에서 유래했으며, 1970년대 로저 스타우박 선수가 긴 패스를 성공시킨 후 '그저 헤일 메리(성모송)를 외우며 던졌다'라고 말하며 유명해졌습니다. 스포츠를 넘어 정치, 경제 등에서 '최후의 도박', '절박한 마지막 수단'을 의미하는 관용구로 사용됩니다.

최근에 개봉한 영화 '프로젝트 헤일 메리'는 말 그대로 '최후의 도박과 같은 프로젝트'를 말합니다.

A massive police presence seen sprawled across the parking lot **tapered off** as a crowd gathered.

031. taper off

점점 줄어들거나, 약해지거나, 가늘어지는 것을 의미합니다.

* *The rain tapered off. / 비가 잦아들었다.*

A community still **reeling** from a shooting that killed two students and nine others at Brown University in December.

032. reeling

충격으로 인한 심리적, 물리적 흔들림을 뜻합니다. 주로 reeling from(충격으로 흔들리는) 형태나, 어지러워 비틀거리는 동작을 묘사할 때 사용됩니다.

* *The family still reels from the shock. / 그 가족은 아직도 충격에서 벗어나지 못하고 있다.*

코미디, 영화, 문화

BBC Global News / August 18, 2025 / 테렌스 스탬프 부고

But his was not a straight career trajectory, rather one characterised by setbacks, sidesteps and some very interesting **digression** along the way.

001. digression

글이나 대화에서 주제에서 벗어난 이야기, 여담

the action of moving away from the main subject you are writing or talking about and writing or talking about something else

* *Talking about money now would be a digression from the main purpose of this meeting. /* 지금 돈 얘기를 하는 건 이번 모임의 목적에서 벗어나는 것이다.

확장 **digress** 주제에서 벗어나다.

확장 **digressive** 주제를 벗어난, 지엽적인

Nothing here is wasted, or pointlessly digressive. / 여기서 버려지거나 포인트 없이 주제를 벗어난 내용은 없다.

Still to come, the **botched** Virgin Mary statue that has Seville **up in arms**.

---

002. botched

망가진

spoiled by mistake

* *a botched attempt* / 실패한 시도
* *a botched recipe* / 망한 레시피
* *a botched medical procedure* / 실패한 수술

003. up in arms

격분하여 반대하다

protesting vigorously about something

It's freezing out there. This morining, on my way to work, I saw a Wall Street stockbroker **spooning** with Zoran Mandani.

004. spooning

두 사람이 옆으로 누워 한 사람이 다른 사람의 뒤에서 껴안는, 마치 스푼 두개가 포개진 듯한 다정하고 친밀한 자세를 말합니다. 진보 성향인 맘다니 뉴욕 시장의 주식 시장과의 어색한 관계를 최근의 한파에 빗대어 표현한 것으로 추측됩니다.

Yep, the **driveless robo-taxis** will join Tesla's fleet of **buyer less cyber trucks**.

dirverless robo-taxi, buyer less cyber truck, 테슬라 사이버 트럭의 저조한 실적을 빗댄 언어유희네요.

Yeah, I don't know. Take look at this Netflix **rom-com**. See if you can spot it.

005. rom-com

로맨틱 코미디의 줄임말입니다.

Congress has been negotiationg with the White House about passing a budget bill to avoid another government shutdown. It's coming **down to the wire**. Here's what some lawmakers had to say about it.

006. down to the wire

마지막 순간까지

Until the last moment, it is possible to do something.

* The Chiefs and Lions advanced with tough, down-to-the-wire victories on Sunday. / 치프스와 라이언스는 일요일 마지막 순간까지 가는 접전 끝에 다른 라운드에 진출했다.

[Senator Chuck Grassley] "Did someone say 'old man?' Sorry, I thought you were talking about me. Anyway, avoiding the shutdown is number one on my checklist."

[Senator Roger Marshall] "Dis someone say '**Chiclets**?' Sorry, I thought you were talking about me. Anyway, If you wanna reach across the aisle, come on over."

007. chiclet

작고 모서리가 둥근 사각형 모양의 설탕 코팅 껌 브랜드를 뜻합니다. 이 껌의 형태를 닮아 모서리가 둥근 사각형 모양의 디자인을 지칭할 때 주로 사용되며, 대표적으로 키보드 키 캡이 독립적으로 배치된 '치클렛 키보드 (섬 스타일 키보드)'나 둥근 쿠션형 디자인을 묘사할 때 쓰입니다. 라미네이트 시술 후의 하얗고 둥근 치아를 'Chclet teech'로 표현하기도 합니다. 화면에 나온 상원의원 로저 마셜이 이런 이빨입니다.

> [Senator Ed Markey] "Did someone say 'combover?' Anyway, I'd love to talk! I just wanna **vent** real quick, dummy!"

008. vent

답답한 감정, 화를 터뜨리다, 털어 놓다, 하소연하다라는 뜻입니다. 명사로는 환풍구, 통풍구, 분출구를 뜻하며, 옷의 트임이나 기술적인 배기구를 의미하기도 합니다.

> [Senator John Kennedy] "Did someone say '**ventriloquist** dummy?' Anyway, I hope they stop **demeaning** others!"

009. ventriloquist

입술을 거의 움직이지 않고 소리를 내어, 인형이나 다른 대상이 말하는 것처럼 연기하는 복화술사를 의미합니다. 라틴어 'venter(배)'와 'loqui(말하다)'에서 유래하여, 목소리를 배에서 던지는 기술을 가진 사람을 뜻합니다. 화면의 상원의원 존 케네디의 입술의 복화술사 같습니다.

010. demean

비하하다, 품위를 떨어뜨리다

* *She refused to demean herself by acting like that.* / 그녀는 그런 식으로 행동하며 제 품위를 떨어뜨리기를 거부했다.

> They're having trouble. They can't hear each other. They missed some of it. It's **malapropism**, yeah.

011. malapropism

말실수. 발음이 비슷하지만 전혀 다른 단어를 잘못 사용하여, 우스꽝스럽거나 희극적인 상황을 만들어내는 말의 오용을 뜻합니다. 주로 의도하지 않은 말실수에서 비롯되며, 문맥에 맞지 않는 단어 사용으로 인해 유머를 유발하는 언어 현상입니다. 셰리든의 희극 '연적'의 등장인물 '말라프롭 부인'이 교양 있어 보이기 위해 어려운 단어를 사용하려다 뜻이 완전히 다른 비슷한 발음의 단어를 써서 웃음을 유발한 것에서 유래합니다.

> In the **foreground**, you see Burrow, right?

012. foreground

그림, 사진, 화면 등에서 가장 앞부분이나 가까운 부분을 의미합니다.

* *In the foreground fo the painting is a house.* / 그림의 전경에 집이 있다.

What I love about the Olympics is that it's a time for the country to put aside our differences and to **root against** a 16-year-old from Finland.

013. root against

특정 개인, 팀, 또는 그룹이 스포츠 경기나 특정 상황에서 '지기를 바라거나 실패를 기원하다'라는 뜻입니다. '응원하다'는 뜻인 'root for'의 반대말이며, '~의 패배를 빌다', '~에 반대하여 응원하다'로 해석됩니다.

* *I'm rooting against the Dodgers this year.* / 나는 올해 다저스가 지길 바라고 지길 바라고 있어.

기타, 날짜별

President's nominee for Secretary of Heath and Human Services **grilled** on Capitol Hill.

001. grilled

엄하게 추궁당하는, 심문을 받는. 마치 뜨거운 석쇠 위에 올려진 것처럼, 누군가에게 강도 높은 질문이나 혹독한 심문을 받는 상황을 뜻합니다.

* *The CEO was grilled by the committee.* / CEO는 위원회로부터 거센 추궁을 받았다.

OpenAI, one of top leaders in AI industry, **cries foul** over the new China based AI Program Deepsea.

002. cry foul

스포츠나 정치, 비즈니스 상황에서 '부당하다고 불평하다' 또는 '반칙이라고 소리치다'라는 뜻입니다. 운동 경기에서 심판에게 파울(foul)이라고 소리치며 항의하는 동작에서 유래했습니다.

* *The losing team cried foul over the referee's decision.* / 패배한 팀은 심판의 결정이 부당하다고 항의했다.

... including his **debunked** claims tying them to autism ...

003. debunked

거짓으로 판명된, 정체가 드러난

* *a debunked theory* / 틀린 것으로 증명된 이론

확장 debunk 틀렸음을 증명하다.

확장 disprove 근거 없는 신화, 음모론, 또는 누군가의 주장이 사실이 아님을 증거를 통해 밝혀낼 때 쓰는 단어입니다.

> Now they're against me because anything that President Trump does, any decision he makes has to be **lampooned**, derided.

004. lampoon

조롱하다, 풍자하다

* *The show lampooned the president.* / 그 프로그램은 대통령을 신랄하게 풍자했다.

> Tomorrow, more critical hearings **on tap**, including for Trump's controversial nominees…

005. on tap

준비되어 있는, 예정된

available for use at any time

* *A lot of changes are on tap for next year.* / 내년에 많은 변화가 예정되어 있다.

> The massive Navy base in Cuba still hold 15 terror detainees and has been used to temporarily house migrants before. What kind of civilian **oversight** would there be?

006. oversight

정반대의 두 가지 의미를 가지고 있어 주의가 필요한 단어입니다. 어떤 사업이나 조직이 제대로 돌아가지는 '감시하고 감독'하는 뜻과 주의를 충분히 기울이지 못해 '실수로 놓친 부분'을 의미합니다.

* *Congressional oversight* / 의회의 국정감사
* *due to an oversight* / 실수로 인해

And there is new **fallout** tonight from the President's buyout offer, emailed to nearly every federal employee last night…

007. fallout

문자 그대로는 '낙진'을 의미하며, 비유적으로는 주로 '부정적인 결과'나 '여파'를 뜻합니다.

unpleasant results or effects of an action or event

A little shocked. I thought it was combative, **condescending**, insulting, especially as a veteran.

008. condescend

주로 부정적인 의미로 '거들먹거리다' 또는 '잘난 체하며 상대방을 깔보는 듯한 태도를 취하다'라는 뜻입니다.

확장 condescending 거들먹거리는, 남을 가르치려 드는

> ... meaning it could take months to fully **ramp up** ...

009. ramp up

양이나 강도를 '늘리다' 또는 '강화하다'라는 뜻입니다. 경사로(ramp)를 타고 위로 올라가듯 점진적이지만 확실하게 수치를 높이는 느낌입니다.

* *The factory is ramping up production.* / 공장이 생산량을 늘리고 있다.
* *The police ramped up security.* / 경찰이 경비를 강화했다.

> Did it **rip off** technology from its American competitor?

010. rip off

크게 두 가지 상황에서 '바가지'나 '도둑질'의 의미로 쓰입니다.

* *That's a totoal rip-off!* / 순 바가지네!
* *This sone is a rip-off of a Beatles track.* / 이 노래는 비틀즈 곡을 교묘하게 베꼈어.

This was a dark and **excruciating** night in our nation's capital.

011. excruciate

몹시 괴롭히다, 고문하다. 라틴어 'ex(매우)' + 'cruciare(십자가에 매달다)'에서 유래했습니다. '십자가 형틀에 매다는 것만큼의 극심한 고통을 준다'라는 무시무시한 뿌리를 가진 단어입니다.

* *excruciating pain* / 극심한 고통

Despicable, as families grieve Trump should be leading, not lying

012. despicable

비열한, 경멸스러운

contemptible, reprehensible, abhorrent

It just **turns your stomach**.

013. turn someone's stomach

속을 메스껍게 하다, 구역질나게 하다.

to make someone feel sick, often because they are angry or upset about something

* *The way he treats his staff turns my stomach.* / 그가 직원을 대하는 방식은 정말 역겨워.

I do not agree with the **commutation** of any sentence of any individual who committed violence against law enforcement.

014. commutation

대체, 교환, 통근, 감형

act of changing a punishment to one that is less severe

확장 **Get off** to avoid punishment.

* *Was he found guilty? No, he got off.* / 아니 그는 처벌을 피했어.

…who fled the US after releasing a **trove** of government secrets

015. trove

귀중한 발견물, 보물 창고

a large amount of something good, useful, or valuable, or a place where this can be found

* *a trove of information* / 정보의 보고

The nation was **gripped** as crews hoisted five people to safety.

016. gripped

'꽉 잡다'라는 뜻의 grip에서 파생되어, 주로 '강하게 사로 잡히다'라는 의미로 쓰입니다.

* *The city was gripped by fear.* / 도시가 공포에 휩싸였다.

BBC Global News Podcast / January 30, 2025

And people were here waiting for that flight to arrive. I mean, it's just pretty **unfathomable**, the tragedy of it. And they are, of course, waiting to find out exactly what's happened to their loved ones.

017. unfathomable

'가늠할 수 없는', '이해하기 힘든'. fathom은 원래 양팔을 벌린 길이(약 1.8m)를 뜻하는 수심 단위입니다. 여기에 부정 접두어 un-과 able-을 붙여 '바닥을 잴 수 없을 만큼 깊다'라는 뜻에서 유래했습니다. impossible to understand

동의어 inscrutable, incomprehensible, abstruse, deep

* the dark unfathomable eyes of a stranger / 검고 이해하기 힘든 이방인의 눈동자
* a pool of dark, unfathomable water / 검고 바닥을 잴 수 없는 물

「Meet the Press」/ February 2, 2025 /
트럼프 취임 첫주, 주요 각료 청문회, 비행기 사고 등

On Thursday, after a moment of silence, President Trump pivoted to politics suggesting without evidence that **diversity and inclusion policies** contributed to the crash.

018. Diveristy & Inclusion(D&I) Policy

조직 내의 모든 구성원이 배경에 상관없이 공정하게 대우받고 소속감을 느끼며 성장할 수 있도록 돕는 공식적인 행동지침을 의미합니다. 포용성 (Inclusion)은 인재들이 차별받지 않고 자신의 능력을 최대한 발휘할 수 있는 심리적으로 안전한 환경을 조성하는 것을 뜻합니다. 최근에는 형평성

(Equity)를 포함한 DEI로 확장되어 각기 다른 출발선에 있는 구성원들에게 필요한 자원을 다르게 배분하여 결과적으로 동일한 기회를 갖게하는 공정함의 의미가 강조되고 있습니다.

> Is there anything China, Canada and Mexico can do tonight to **forestall** your implementation of tariffs tomorrow?

019. forestall

미리 선수를 치다, 미연에 방지하다, 사재기

to prevent something from happening by acting first

* *The company executives forestalled criticism by inviting union leaders to meet.* / 회사 경영진은 노조 지도부와의 만남을 먼저 제안함으로써 비판을 미연에 방지했다.

> It will **impede** your access to an affordable supply of vital goods crucial for US security.

020. impede

방해하다.

to make it more difficult for something to happen or more difficult for someone to do something

* *Shortages of medicine were impeding the effort to control diseases.* / 약이 부족해서 질병 통제에 어려움이 있었다.

It's frankly **minuscule** compared to what is seized at the southern border.

---

021. minuscule

아주 작은, 하찮은

extremely small

* *a minuscule amount of food* / 아주 적은 양의 음식

Kristen, I would say that if I have heard that expressed by people that are legal citizens of the United States, it's because the media has **perpetuated** that fear.

---

022. perpetuate

나쁜 상황, 제도, 또는 잘못된 믿음 등을 '영구화하다' 또는 '지속시키다' 라는 뜻입니다.

to cause something to continue

확장 in the making

형성 중인. if something was a period of time in the making, it took that amount of time to make

A movie five years in the making / 5년째 제작중인 영화

> This is nothing new, Kristen. This idea of emphasizing **DEI** across the federal government has real **ramification**.

DEI: Diversity, Equality and Inclusion

023. ramification

어떤 행동이나 결정으로 인해 발생하는 '파급 효과' 또는 '결과'를 뜻합니다.
the possible results of an action

Have you considered all the ramifications of your suggestion? / 당신 제안의 모든 파급 효과를 고려해 보셨나요?

> She's been **tapped** to be the Director of National Intelligence.

024. tapped

지명되다, 활용되다, 도청당하다, 자금이 바닥난(tapped out) 등의 의미로 사용됩니다. 예문에서는 '지명되다'의 뜻입니다.

He was tapped for the CEO position. / 그는 CEO 직책에 지명되었다.

확장 **tap** 활용하다. to get or make use of something

* For more than a century, Eastern cities have expanded their water supplies by tapping even more remote sources. / 한 세기 이상 동안 동쪽의 도시들은 더 먼 거리에 있는 상수원을 활용함으로써 그들의 물 공급을 확대해 왔다.

* There is rich vein of literary talent here just waiting to be tapped by publishers. / 출판업자들에게 활용되기를 기다리는 풍부한 문학적 재능이 있다.

And I think it's totally ridiculous to try to **smear** people who are trying to serve this country because again, it's sort of gotcha.

---

025. smear

1) 비방하다. to publicly accuse someone of something unpleasant, unreasonable, or unlikely to be true in order to harm their reputation

2) 기름기 있는 물질이 묻은 얼룩이나 자국, a dirty mark made by spreading a liquid or thick substance over a surface

* smear campaign / 흑색선전

026. gotcha

함정, 사람을 골탕 먹이는 교묘한 속임수

An instance of publicly tricking someone or exposing them to ridicule, especially by means of an elaborate deception

> A set of thing that happen **sequentially**, it's often not one thing that causes a major aviation accident like this.

027. sequential

순차적인, 연속적인

following a particular order

> We **wound up** in a trade war over certain things with China.

028. wind up

결국 ~하게 되다(end up).

to find yourself in an unexpected and usually unpleasant situation, especially as a result of what you do

* *You don't want to wind up homeless, do you?* / 노숙자가 되고 싶지는 않겠지, 그렇지?
* *We would up lost.* / 우리는 결국 길을 잃었다.

확장 wind something up

마무리 짓다. to end, or to make an activity end

* *I think it's about time we wound this meeting up.* / 이 미팅을 마무리 지을 때라고 생각합니다.

It's just part of the president's **sprawling** plan to downsize the federal government, eyeing education and the military next.

029. sprawl

1) 무질서하게 뻗어 나가다. spread

2) stretch out

* *Gorse and hawthorn sprawled over the hillside.* / 고스와 호손이 언덕에 뻗어 나 갔다.

* *He sprawled on a sofa.* / 그는 소파에서 몸을 뻗었다.

The plane vanished off radar with nine passengers and **lone** pilot off the coast of Alaska, triggering a massive search.

030. lone

'다른 사람 없이 혼자 있는 상태'를 뜻하는 형용사입니다.

only, one, single, alone

* *He was a lone voice arguing against a reduction in payments.* / 그는 지불을 줄 이는 것에 반대하는 유일한 목소리였다.

He sprawled on a sofa. / 그는 소파에서 몸을 뻗었다.

In the vast **expanse** of the Bering Sea off Alaska, around the clock search for a small commuter plane headed north.

---

031. expanse

탁 트인 공간이나 드넓게 펼쳐진 지역을 뜻합니다. 바다, 하늘, 사막처럼 끝없이 펼쳐진 공간을 묘사할 때 사용합니다.

a very wide space or area

the vast expanse of Russia / 러시아의 광활한 지역

Donald Trump and Elon Musk must not and will not destroy the Department of Education on a **whim**.

---

032. whim

일시적인 기분, 변덕

a sudden wish or idea, especially on that cannot be reasonably explained

We booked the trip on a whim. / 일시적인 기분으로 여행을 예약했다.

확장 **on a whim** 즉흥적으로

확장 **at the whim of** ~의 기분에 좌우되는

And tonight, signs are coming down at the U.S. agency for international development, which **doles out** foreign aid.

033. dole something out

주로 돈이나 음식, 정보 등을 여러 사람에게 '조금씩 나누어 주다'라는 뜻입니다. 많은 양을 한꺼번에 주는 것이 아니라, 아까워하며 조금씩 배분하는 뉘앙스가 있습니다.

to give something, usually money, to several people

확장 dole 분배

* *the dole* / 실업 수당
* *draw the dole* / 실업 수당을 받다

Getting rid of AID makes us all less safe. It is also **downright** illegal.

034. downright

'완전한' 또는 '완전히'라는 뜻으로, 어떤 성질이나 상태를 강하게 강조할 때 사용합니다.

complete, thoroughly

* *It's a downright disgrace.* / 완전한 망신이다.
* *He was downright rude.* / 그는 완전히 무례했다.

확장 If not downright

1) 설사 완전히 ~한 것은 아닐지라도

2) 거의 ~에 가까운

* *The task was difficult, if not downright impossible.* / 그 작업은 아예 불가능한 정도까지는 아니었을지 몰라도 매우 어려웠다.

* *His behavior was rude, if not downright insulting.* / 그의 행동은 무례했고, 거의 모욕적인 수준이었다.

…and treats more than 5.5 million children every year with **pneumonia**

---

035. pneumonia

폐렴. 맨 앞의 'p'는 묵음입니다.

확장 그 외에 한국말로는 익숙한데 영어로 생소한 질병 명 몇 가지를 살펴보면 다음과 같습니다. tuberculosis(튜버큘로시스) 폐렴, 줄여서 TB라고도 부릅니다. leukemia(루키미아) 백혈병, arthritis(아스라이티스) 관절염, diabetes(다이어비티스) 당뇨병 등

Rose Zelliger is a USAID contractor **furloughed** last week. We are grieving for the thousands of people around the world who are dying as a result of these **callous** actions.

---

036. furlough

휴가, 일시적 해고

* *The union represents about 9,000 active pilots, with newly 2,000 more pilots currently on furlough.* / 노동조합은 최근에 일시적 해고를 당한 2천 명을 포함해 9천 명의 현역 조종사를 대변한다.

확장 furlough vs layoff

furlough는 강제 무급 휴가로 회사가 일시적인 자금난이나 작업량 감소를 겪을 때 사용합니다. 월급은 주지 않지만 직원 신분은 남겨둡니다. 상황이 좋아지면 다시 불러 쓰겠다는 약속이 담겨 있어 숙련된 인력을 유지하려는 목적이 큽니다. 반면 layoff는 정리해고로, 고용계약이 완전히 끝나고 퇴직금(severance pay)을 지급받기도 합니다.

037. callous

굳어진, 못이 박힌, 무정한, 굳은살

…a **whopping** 80 million people nationwide on alert for heavy snow…

038. whopping

엄청난, 무지막지한. 주로 숫자 앞에 붙어서 그 양이 예상보다 훨씬 많거나 클 때 사용합니다.

extremely large

* *a whopping 30% increase* / 무려 30%에 달하는 엄청난 인상

확장 **whop** 세게 때리다, 완승하다. to hit or defeat.

* *The Yankees whopped the Cleveland Indians 9-2.* / 양키스가 클리블랜드를 상대로 9대 2로 완승했다.

It all comes as the new Attorney General **ramps up** pressure on sanctuary cities, suing Democrat-led Chicago and the state of Illinois, arguing they interfere with arresting and deporting undocumented immigrants.

039. ramp up

늘리다, 강화하다.

to increase the speed, power, or cost of something

Tonight, body camera footage showing a glimpse into the **harrowing** evacuations as the Eaton fire exploded in Altadena.

040. harrowing

정신적으로 '끔찍하고 비참한' 또는 '가슴 찢어지는' 상태를 뜻합니다. 원래 harrow는 농사지을 때 땅을 갈아엎는 '써레'라는 농기구입니다. 날카로운 날로 땅을 긁어 파헤치듯, 마음을 갈기갈기 찢어놓는 것 같다는 비유에서 유래했습니다.

extremely upsetting because connected with suffering

Also this week, President Trump stunned world leaders by **floating** an American takeover of Gaza.

041. float

'떠오르다'라는 핵심 의미에서 파생되어 물리적, 경제적, 추상적 맥락에서 폭넓게 쓰입니다. 아이디어를 제안하다, 띄어보다. 어떤 생각이나 계획이 받아들여질지 확인하기 위해 슬쩍 의견을 내놓은 것을 의미합니다.

to suggest a plan or an idea to be considered

* *Laura has floated the idea that we should think about expanding into Europe next year.* / 로라는 우리가 내년에 유럽으로 확대해야 한다는 아이디어를 제안했다.

확장 기타 명사형으로, 퍼레이드에서 화려하게 장식하고 줄지어 가는 꽃차(parade float), 계산대 등에 거스름돈용으로 미리 넣어두는 시재금(cash float)을 의미하기도 합니다.

> I think that is perfectly appropriate for USAID to be kind of **tucked** into the State Department.

042. tuck

감추다, 쑤셔 넣다

확장 tucked away 눈에 띄지 않는 곳에 짓다.

* *The restaurant is tucked away in a small building.* / 식당은 작은 빌딩에 눈에 띄지 않게 지어져 있다.

확장 tuck in / away 게걸스럽게 먹다. to start eating something eagerly

* *There's plenty of food, so please tuck in.* / 음식은 많으니 마음껏 드세요.

> It has become incredibly **bloated**.

043. bloated

(신체) 부풀어 오른, (조직) 방만한, (IT) 리소스를 많이 먹는

swollen and rounded because of containing too much air, liquid, or food

확장 bloating 복부 팽만감

* *a bloated bureaucracy* / 방만한 행정 조직
* *bloatware* / 기기 구매시 기본으로 깔려 있는, 삭제하기 힘든 무거운 앱들

We start with the internal **revolt** rocking the Trump Justice Department as the DOJ has just **moved** to dismiss the federal corruption case against New York Mayor Eric Adams.

044. revolt

저항하다, 혐오감을 주다, 반란

to protest, to make someone feel unpleasantly shocked or disgusted, an attempt to get rid of a government by using violence

확장 045. revolting

역겨운, 매우 불쾌한, 가증스러운

046. move

제안하다.

to suggest something, especially formally at a meeting or in a law court

* *Your Honor, we wish to move for dismissal of the charges.* / 재판장님, 소송 기각을 신청하고자 합니다.

> The formal **motion** to dismiss all charges filed by a career prosecutor in Washington after a standoff with prosecutors in New York who refused to go along.

047. motion

발의, 제안. 회의나 재판에서 어떤 조치를 취해 달라고 공식적으로 내놓은 안건을 말합니다.

* *file a motion* / 법정에 신청서를 제출하다.
* *adopt a motion* / 제안을 통과시키다.

> The lead attorney overseeing Adam's case in Manhattan **penning** a blistering resignation letter obtained by NBC News **laying into** Trump-appointed DOJ **brass** for saying the case was distracting Adams from devoting his full attention to the president's priorities on immigration and crime.

048. pen

쓰다, 작성하다.

to write something

049. laying into someone

누군가를 '호되게 몰아 세우다' 또는 '격렬하게 비난하다'라는 뜻의 구어체 표현입니다. 격렬한 비난이나, 실제로 주먹이나 발로 누군가를 세게 때

리거나 공격하기 시작할 때도 씁니다.

to attack someone physically, or to criticize someone in an angry way

In the middle of the meeting she suddenly laid into him for no apparent reason. / 회의 중에 그녀는 갑자기 특별한 이유 없이 그를 격렬하게 비난했다.

050. brass

고위 간부, 뻔뻔함

high-ranking officers in an organization, esp. the military

* *Top brass / 최고위층, 수뇌부*
* *She had the brass to deny it. / 그녀는 그것을 부인할 만큼 뻔뻔했다.*

Attorney Hagen Scotten writing, No system of order of liberty can allow the government to use the carrot of dismissing charges or the stick of threatening to bring them again to induce an elected official to support its policy objectives, adding, if no lawyer within **earshot** of the president is willing to give him that advice, then I expect you will eventually find someone who is **enough of a fool or enough of a coward to file your motion**.

051. earshot

소리가 들리는 거리, 가청거리

the range of distance within which it is possible to be heard or to hear what someone is saying

* *I don't think you should say anything while the boss is still within earshot.* / 상사가 가청거리 안에 있을 때는 어떤 것도 얘기해서는 안 된다.

052. enough of a + 명사

'(어떤 행동이나 결과를 초래할 만큼) 충분한 ~가 되는' 또는 '상당한 수준의 ~ 인'이라는 뜻으로, 뒤에 오는 명사의 특징을 강조할 때 사용합니다. 단순히 '충분하다'는 뜻을 넘어, 특정한 자격이나 성질을 갖추었다는 뉘앙스를 전달합니다.

a sufficient quantity or amount of a particular noun, indicating that there is as much of something as is needed or required

* *Do you have enough of a budget to cover the project costs?* / 그 프로젝트를 커버할 만한 충분한 예산이 있나요?
* *It was enough of a shock to make him quit.* / 그것은 그를 그만두게 만들기에 충분한 충격이었다.

확장 enough of a reason to + 동사

'~하기에 충분한 이유'라고 해석합니다.

a justification or explanation that is substantially enough to warrant a particular action, decision, or belief

* *Her concerns about the project's safety were enough of a reason to postpone the launch.* / 프로젝트의 안전에 관한 그녀의 걱정은 발사를 연기하기에 충

분한 이유였다.

* *That is enough of a reason to quit.* / 그것을 그만두기에 충분한 이유가 된다.

Adams pushing back on the idea of any **quid pro quo**, saying tonight, I want to be crystal clear with New Yorkers.

---

053. quid pro quo

라틴어에서 유래한 표현으로, '무언가를 위한 무언가' 즉 '보답'이나 '대가'를 뜻합니다. 뇌물이나 특혜를 주고받는 부적절한 거래를 묘사할 때 자주 등장합니다.

a favor or advantage granted or expected in return for something

* *The pardon was a quid pro quo for their help in releasing hostages.* / 그 사면은 인질 석방을 도와준 것에 대한 보답이었다.

…with a least seven prosecutors quitting, including those in Manhattan with **sterling** conservative credentials

---

054. sterling

원래 영국 화폐를 뜻하는 단어에서 시작해, 현대 영어에서는 '훌륭한' 또는 '순도 높은'이라는 찬사로 쓰입니다.

of a very high standard, of a particular standard of purity, of the highest quality

* *a sterling silver candlestick* / 순도 높은 촛대

* *You've done a sterling job.* / 훌륭하게 잘했다.

Well, even if the Justice Department doesn't want to move forward here, a federal judge still has to finalize this deal, and it shouldn't necessarily be a **rubber stamp**.

055. rubber stamp

깊이 생각하지 않고 무비판적으로 승인하다.

to officially approve a decision or plan without thinking about it

* *The boss makes the decisions and the committee just rubber-stamps them.* / 보스가 결정을 내리면 위원회는 자동으로 승인한다.

Beyond 75,000 workers, the administration says, volunteered to quit with his offer of promised **payout**.

056. payout

'지불금' 또는 '배당금'을 뜻하며, 주로 거액의 돈이 한꺼번에 지급되는 상황에서 쓰입니다.

a large amount of money that is paid to someone

* *insurance payout* / 보험금 지급액

Joy and relief as they popped the champagne. That the hostages looked relatively well, able to walk and not **emaciated** like some of the other freed hostages.

057. emaciated

질병이나 기아로 인해 몸이 '눈에 띄게 수척해진' 또는 피골이 상접한 상태를 뜻합니다.

very thin and weak, usually because of illness or extreme hunger

동의어 cadaverous 시체 같은

emaciated는 기아나 질병으로 앙상하게 마른 체구에 초점이 있고, cadaverous는 마른 것뿐만 아니라 핏기 없는 피부색과 죽음의 기운이 느껴지는 안색에 초점이 맞춰져 있습니다.

확장 cadaver 시체

President Donald Trump **blindsiding** close US allies this week, revealing a call with Russian President Vladimir Putin…

058. blindside

상대방이 '예상치 못한 방향에서 공격하거나 당황하게 만들다'라는 핵심 의미를 가집니다. 기습하다, (스포츠) 사각지대에서 치다, (비즈니스/정치) 예상치 못한 타격을 주다.

to surprise someone, usually with harmful result

* *The news of the layoff completely blindsided me.* / 해고 소식은 내 허를 찔렀다.

It says in part, the termination letters for some NNSA probationary employees are being **rescinded**.

059. rescind

법령, 계약, 결정 등을 공식적으로 '폐지하다' 또는 '철회하다'라는 뜻의 격식 있는 단어입니다.

to make a law, agreement, order, or decision no longer have any(legal) power

* *The government rescinded the new tax law.* / 정부는 새 세법을 철회했다.

확장 rescission

rescind의 명사형으로, 법률이나 계약 관계에서 공식적인 '무효화' 또는

'계약 해제'를 뜻합니다.

* *right of rescission* / 계약 후 일정 기간 내에 이유 없이 취소할 수 있는 권리

동의어 annul, countermand, lift, overturn, repeal, reverse, revoke

* *Oral approval will form part of the agreement unless it is countermanded by the client within two working days.* / 고객이 근무일 2일 이내에 무효로 하지 않으면 구두 승인이 합의의 일부를 구성할 것이다.

> While with the same ethical responsibility the courts must protect the innocent from being accused without a **shred** of evidence.

060. shred
갈가리 찢다, 아주 조금
a very small amount of something

* *There's still a shred of hope that a peace agreement can be reached.* / 평화 합의가 달성될 것이라는 작은 희망이 여전히 남아 있다.

…the hostage situation **foiled** by police

061. foil

'은박지'라는 뜻 외에, 문학이나 비즈니스 맥락에서 '대조되는 인물' 혹은 '좌절시키다'라는 뜻으로 자주 쓰입니다.

(동사) to prevent someone or something from being successful

(명사) Someone or something that makes another's good or bad qualities all the more noticeable

* *The older, cynical character in the play is the perfect foil for the innocent William.* / 연극에서의 나이가 들고 시니컬한 캐릭터는 무고한 윌리엄에게 완벽히 대조되는 인물이다.
* *The police foiled a bank robbery.* / 경찰이 은행 강도 모의를 저지했다.

Tragically, West York **borough** officer Andrew Duarte was also killed protecting the community that is now in mourning.

062. borough

도시의 하위 행정 구역을 뜻합니다. 예를 들어 뉴욕시(New York City)는 Manhattan, Brooklyn, Queens, The Bronx, Staten Island 등 5개의

borough로 구성되어 있습니다.

> The **fraudsters**, liars, cheaters, globalists, and deep state bureaucrats are being sent packing.

063. fraudster

사기꾼, someone who gets money by deceiving people

동의어 swindler, scammer, embezzler(공금 횡령범), peculator(공금 횡령범).

> Defense Secretary Pete Hegseth, last fall, **foreshadowing** what would come.

064. foreshadow

문학이나 영화 등 서사 구조에서 앞으로 일어날 사건을 미리 암시하는 '복선을 깔다'라는 뜻입니다. fore(미리) + shadow(그림자)가 합쳐진 단어로, 어떤 사건이 실제로 닥치기 전에 그 '그림자'가 먼저 비치는 모습을 비유한 것입니다.

to act as a warning or sign of a future event

* *The recent outbreak of violence was foreshadowed by isolated incidents in the city earlier this year.* / 최근에 발생한 폭력 사태는 올해 초에 여러 사건이 개별적으로 발생했을 때 암시하는 바 있다.

The president's rapid remake of the federal government **playing out** to mixed reviews in congressional town halls around the country.

065. play out

어떤 상황이나 사건이 처음부터 끝까지 '전개되다' 또는 '진행되다'라는 뜻입니다.

When a situation plays out, it happens and develops.

* *The debate will play out in the media over the next week or two. /* 그 논쟁은 다음 한두 주 동안 언론에서 전개될 것이다.

Tensions between the two leaders appear to be slowly **thawing out**.

066. thaw out

'얼었던 것이 녹다'라는 기본 의미를 바탕으로, 사람의 몸이나 관계가 따뜻해지는 상황에서 두루 쓰입니다.

If you thaw out, you gradually get warm again after being very cold.

* *I'm just starting to thaw out after taking the dogs out this morning. /* 아침에 강아지를 산책시킨 후에 얼었던 몸이 조금씩 녹고 있다.

> They made out thanks to a huge **stroke of luck**.

067. stroke of luck

'예상치 못한 뜻밖의 행운' 또는 '한 줄기 행운'이라는 뜻입니다. 노력해서 얻은 결과가 아니라, 전혀 예상치 못한 순간에 운 좋게 일어난 일을 강조할 때 씁니다.

something good that happens to you by chance

* inding the key was a pure stroke of luck. / 열쇠를 찾은 건 그야말로 천운이었다

> His colleagues say he's quiet, punctual and **pulls his weight**, preparing roughly 40 of the hospital's 100 chemotherapy orders a day.

068. pull your weight

자신의 역할(몫)을 다하다. 조정(rowing) 경기에서 유래했습니다. 배가 앞으로 나아가도록 각 선수가 자신의 체중(weight)만큼 노를 힘껏 젓는(pull) 모습에서 따온 표현입니다.

to work as hard as other people in a group

* The others had complained that Sarah wasn't pulling her weight. / 다른 사람들은 사라가 자기 몫을 하지 않는다고 불평했다.

But Messi and Ronaldo don't have much to worry about. These athletes seem to **putt around**, excel in face plants and headbutting one another.

069. putt around

느긋하게 시간을 보내다.

* *I will just putt around the house this afternoon.* / 나는 오후에 집 주변에서 느긋하게 시간을 보낼 예정이다.

We know that when we have softer recommendations for vaccines, **uptake** goes down.

070. uptake

1) 수용/채택
2) 이해력

* *The ceramic club has seen a huge uptake in membership this year.* / 세라믹 클럽은 올해 회원 수가 크게 늘었다.

* *He is very quick on the uptake.* / 그는 이해력이 매우 뛰어나다.

Kennedy Jr. causing some states to break from the panel's recommendations, creating a **hodgepodge** of guidelines across the country.

---

071. hodgepodge

뒤죽박죽, 잡동사니

동의어 farrago

* *The report was a hodgepodge of unrelated facts.* / 보고서에는 관계없는 사실들이 뒤죽박죽으로 섞여 있었다.

* *farrago of lies* / 거짓말의 뒤죽박죽

FBI is **<u>meticulously</u>** investigating theories and questions about the case, including some internet-fueled conspiracy theories.

072. meticulous

꼼꼼한, 지나치게 세심한, meticulous는 긍정과 부정으로 모두 사용 가능합니다. 긍정적으로는 commendable extreme carefulness의 의미로, 부정적으로는 hampering finicky caution over small points의 뜻으로 사용할 수 있습니다.

very careful and with great attention to every detail

동의어 careful, thorough, punctilious, methodical, scrupulous

* *Many hours of meticulous preparation have gone into writing the book.* / 몇 시간 동안 꼼꼼하게 준비해서 이 책을 쓰게 되었다.

확장 073. punctilious

꼼꼼한, 예의 바른, 격식을 매우 따지는

very careful to behave correctly or to give attention to details

* *He was always punctilious in his manners.* / 그는 항상 꼼꼼하고 예의가 발랐다.

확장 074. methodical

체계적인, 질서 정연한, 꼼꼼한

done in a very ordered, careful way

* *Tom is a very methodical person and writes lists for everything.* / 톰은 매우 체계적인 사람으로, 모든 것에 리스트를 작성했다.

확장 075. finicky

까다로운, 지나치게 꼼꼼한

* *a finicky eater* / 매우 까다롭게 음식을 가리는 사람

NBC Nightly News / October 18, 2025 / 베네수엘라 운반선 격침 사건

This was at least the fifth strike the Trump administration has carried out in **international waters** against alleged drug traffickers.

Critics have argued the strikes are illegal and **circumvent** due process laws, but President Trump has vowed to continue them. Jose?

076. international waters

국제수역 또는 공해를 뜻합니다. High Seas와 같은 의미입니다.

077. circumvent

교묘하게 회피하다.

to avoid something, especially cleverly or illegally

* *Ships were registered aborad to circumvent employment and safely regulations. / 배들은 고용과 안정 관련 규정들을 교묘하게 회피하기 위해 해외에 등록되었다.*

NBC Nightly News / October 18, 2025 / 가자지구 봉쇄

Hamas calls the decision to prevent the opening a **flagrant** violation of the terms of ceasefire.

078. flagrant

악명 높은, 노골적인, 뻔뻔한

shocking because of being so obvious

* *a flagrant disregard for the law / 법에 대한 뻔뻔한 무시*

As part his punishment, Santos had been ordered to pay more than $370,000 in **restitution** to his victims.

079. restitution

법률 및 일반적인 의미로, 손해를 입은 피해를 원래 상태로 돌리거나 금전적으로 보상하는 행위

the return of objects that were stolen or lost

* They are demanding the restitution of ancient treasures that were removed from the country in the 16th century. / 그들은 16세기에 나라에서 사라진 고대 보물의 반환을 요구하고 있다.

법률 배상, payment made for damage or loss

* The chemical company promised to make full restitution to the victims for the injury to their health. / 화학 회사는 피해자들의 건강 악화에 대해 완전한 보상을 약속했다.

It's why the FAA doesn't allow them in checked luggage and why Southwest recently became the first US airline to require passengers keep power banks and portable charging devices **in plain sight** while in use during a flight.

080. in plain sight

찾거나 보기 쉬운 곳에 위치한

in a place where people can clearly see something

* *Don't leave expensive items out in plain sight.* / 비싼 물건들을 쉽게 보이는 곳에 놔두지 마세요.

「Meet the Press」/ October 19, 2025

At any moment, we expect to hear from the president when he **posthumously** awards the Medal of Freedom to conservative activist Charlie Kirk.

081. posthumous

사후의, 죽은 뒤의

happening after a person's death

* *a posthumous award* / 사후 수여된 상

Does this conflict at all with Democrats selling this message to voters **writ large** about generational change?

082. writ large

'크게 쓰인'이라는 의미로, 더 크고 명백하게, 또는 더 큰 규모로 나타난 상태를 뜻하며, 어떤 현상이나 특징이 확대되어 분명하게 드러나는 것을 비유적으로 표현합니다. '매우 뚜렷한', '쉽게 알아볼 수 있는', '과장된'이라는 뜻으로 사용되며, 플라톤의 국가론에서 유래한 표현입니다. 개인의 정의로운 성품을 큰 규모로 확대하여 국가 전체의 모습으로 보여주려 한 데서 유래했습니다. 즉, 국가가 개인의 성품을 '크게 확대하여 보여주는' 것과 같다는 비유에서 시작된 표현입니다.

* *The city's problems were writ large in the neglected parks.* / 도시의 문제는 버려진 공원에서 쉽게 알아볼 수 있다.
* *His anxiety was writ large on his face.* / 그의 불안감은 얼굴에 분명하게 드러났다.

That's going to be very difficult even in the best of circumstances. And if they can't win Maine, the whole question becomes **preposterous**.

083. preposterous

'터무니없는', '말도 안 되는', '황당무계한', '상식을 벗어난' 이라는 뜻을 가진 형용사로, 앞에 있어야 할 것이 뒤에 오는, 즉 순서나 이치가 뒤바뀐, 터무니없거나 말도 안 되는 상황을 의미합니다.

It was a preposterous idea, and no one took it seriously. / 그건 말도 안 되는 아이디어서 아무도 심각하게 생각하지 않았다.

Congressman Crowly, I don't mean to bring up sad moments from your past history, but you might have been the **canary in the coal mine**.

084. Canary in the Coal Mine

위험을 미리 알리는 조기 경보(전조 현상) 또는 그러한 역할을 하는 사람이나 사물을 뜻하며, 과거 광부들이 유독가스를 감지하기 위해 카나리아를 탄광에 데려가 그 이상 행동으로 위험을 알린 데서 유래한 표현입니다. 이는 곧 다가올 재앙이나 문제를 다른 사람보다 먼저 감지하고 경고하는 '희생양' 또는 '신호'를 의미합니다. Miner's canary도 동일한 의미입니다.

확장 Canary Testing

카나리아 테스트는 새로운 소프트웨어 업데이트나 변경 사항을 전체 사용자에게 배포하기 전, 소수의 제한된 사용자 그룹에게 먼저 배포하여 문제(버그, 성능 저하 등)가 없는지 확인하는 점진적 배포 전략으로, 위험을 최소화하고 안정성을 높이는 데 목적이 있습니다. 이는 유독가스에 민감한 카나리아를 탄광에 데려가 위험을 미리 감지했던 것에서 유래한 말입니다. 카나리아 테스트의 주요 특징으로 전체 서버가 아닌 일부 사용자에게만 신규 버전을 적용하는 '점진적 롤아웃', progressive Rollout이 있습니다.

And Liz, late tonight, President Trump just **weighed in** on possible funding for the program.

He also **weighed in** on the next presidential election and whether he thinks vice president Vance and secretary of state Marco Rubio should be on the same ticket with the big question who should be at the top of that ticket.

085. weigh in

1) 끼어들다, 의견을 내다, 논의에 참여하다
2) 따져보다, 저울질하다

* *Do you want to weigh in here?* / 여기에 의견을 내고 싶나요?
* *Care to weigh in?* / 네 생각을 말해볼래?
* *As the discussion progressed, each team member weighed in with valuable insights.* / 논의가 진행됨에 따라 각 팀 멤버들은 귀중한 통찰력을 가지고 논의에 참여했다.
* *I'm still weighing my options.* / 난 여전히 여러 옵션을 저울질하고 있다.

Tonight, Ker Simmons is in neighboring Egypt where eyewitnesses are giving **harrowing** accounts and a warning some of the images in this report are disturbing.

086. harrowing

'몹시 괴로운', '마음이 아픈', '끔찍한'이라는 뜻의 형용사로, 극심한 고통이나 슬픔을 겪는 상황을 묘사합니다. 명사 harrow(써레)에서 유래해 '괴롭히다'라는 뜻도 있지만, 주로 견디기 힘들 정도로 고통스럽거나 마음을 찢는 듯한 경험이나 사건을 설명할 때 쓰입니다.

* *The documentary showed the harrowing realities of a disaster.* / 다큐멘터리는 재난의 끔찍한 실상을 보여줬다.

「Meet the Press」/ November 2, 2025

Why is that the case and how have you been able to **transcend** what other candidates would not have been able to?

087. transcend

'초월하다', '능가하다', '뛰어넘다'라는 뜻으로, 어떤 한계, 수준, 기준 등을 넘어서 더 높은 차원으로 올라가거나 탁월함을 나타낼 때 사용하는 동사입니다. '한계를 넘어서다', '압도적으로 뛰어나다.'라는 의미입니다.

확장 transcendence 초월, 초월성. 인공지능이 아직 낯설던 2014년에 '트랜센던스'라는 조니 뎁 주연의 영화가 개봉했었습니다. 사고로 죽은 주인공의 의식을 컴퓨터에 업로드해서 만들어진 인공지능이 세계를 위협한다는...

확장 transcendent 초월적인, 탁월한

NBC Nightly News / November 8, 2025

> For this administration to go all the way to the Supreme Court just to get out of having to pay **SNAP benefits** for hungry kids is **pathological** leverage levels of **vindictiveness.**

088. SNAP benefits

미국의 '보충 영양 지원 프로그램(Supplemental Nutrition Assistance Program)'으로 저소득층 가정이 식료품을 구매하고 건강한 식생활을 유지할 수 있도록 정부가 매달 전자 카드(EBT) 형태로 지원하는 연방 지원금입니다. 과거 푸드 스탬프(Food Stamp Program)로 불렸으며, 채소, 과일, 육류 등 기본적인 식품 구매에 사용됩니다.

089. pathological

'질병과 관련된'이라는 의학적 의미와, 통제 불능일 정도로 병적이고 강박적인 행동이나 상태를 비유적으로 표현하는 두 가지 주요 의미가 있으며, 수학 등 다른 분야에서는 직관에 반하는 예외적인 현상을 뜻하기도 합니다. 주로 '병적인', '병리학적'으로 번역되며, 병적인 거짓말쟁이(pathological liar)와 같이 강한 집착이나 비합리적 행동을 설명할 때 사용됩니다.

090. vindictive

복수심에 불타는, 앙심 깊은, 보복적인

* *She was vindictive after the breakup, spreading rumors about her ex-partner.*
  / 그녀는 전 파트너에 관한 루머를 퍼트리는 등 이별 이후 복수심에 불탔다.

확장 vindictiveness 복수심

* *He acted with pure vindictiveness.* / 그는 순수한 복수심으로 행동했다.

> But tonight, a White House official tells NBC News that the administration plans to appeal that decision and expects to be, quote, **vindicated** by a higher court. Jose?

091. vindicate

'정당성을 입증하다', '결백을 증명하다'라는 긍정적인 의미로, vindictive 와 어원은 같지만 뜻은 완전히 다릅니다. '해리포터와 아즈카반의 죄수들' 편 마지막 부분에서, 해리 포터의 부모를 볼드모트에 밀고한 살인마로 알 려져 아즈카반에 수감되어 있던 시리우스 블랙(게리 올드만이 연기)의 무죄 가 입증되었을 때 신문 제목에 'Vindicated'이라고 표현됩니다.

* *The decision to include Morris in the team was completely vindicated when he scored two goals.* / 모리스를 팀에 포함시킨 결정은 그가 두 골을 넣었을 때 완전히 그 정당성이 입증되었다.

Meet the Press / November 9, 2025

It's the wealthiest country in the history of the world. It's unacceptable that far too many people are struggling to live **paycheck to paycheck**.

092. paycheck to paycheck

paycheck은 급여, 월급수표를 의미. 직역하면 '월급에서 다음 월급까지'라 는 뜻으로, 월급을 받으면 생활비, 공과금 등 필수 지출을 하고 나면 저축할 돈이 거의 남지 않아 다음 월급날까지 생활비가 빠듯한 상황을 말합니다.

* *I live paycheck to paycheck because of high rent.* / 높은 월세 때문에 생활비가 빠듯하다.

You know, I'm not sure. I don't know it I know enough about that attack yet, but it doesn't sound good. There does seem to be a rise of **anti-Semitism** around the world, in our country as well.

093. Anti-Semitism

반유대주의는 19세기말 독일에서 유대인을 인종주의적 관점에서 차별하고 배척하기 위해 만들어진 용어로, '반대'를 뜻하는 'anti'와 셈족을 뜻하는 'semitism'의 합성어입니다. 1879년 독일의 언론인 빌헬름 마르가 유대인에 대한 혐오를 과학적, 인종적 근거가 있는 것처럼 포장하기 위해 '반셈족주의(Antisemitismus)'라는 용어를 사용하면서 확산되었습니다. 역사적으로 기독교 중심의 유럽 사회에서 종교적 차이, 경제적 시기심, 문화적 이질감 등이 복합적으로 작용하여 유대인에 대한 증오와 박해가 오랜 기간 지속되어 왔습니다. 명칭은 셈족 전체를 뜻하나, 실제로는 유대인만을 대상으로 하는 차별과 혐오를 지칭하며, 홀로코스트와 같은 극단적인 인종주의적 폭력으로 나타났습니다. 즉 반유대주의는 유대인을 인종적 열등 민족으로 규정하고 박해하려는 의도로 19세기 말에 탄생한 용어입니다.

And if I ask my fellow Kentuckians whether someone making $100,000 a year should get $13,000 in subsidies for insurance, most of them are **aghast**.

094. aghast

끔찍하거나 놀라운 소식을 접했을 때 '경악한', '겁에 질린', '아연실색한' 상태를 뜻하는 형용사입니다. 주로 충격적이고 불쾌한 상황에서 크게 놀라거나 당황했을 때 쓰이며, 명사 앞에는 사용하지 않습니다.

* *They were aghast at the news* / 그들은 그 소식에 경악했다.

NBC Nightly News / January 14, 2026

Birdwatching also **taking flight** among young people.

095. take flight

'이륙하다', '도망치다'라는 뜻으로 쓰이며, '유행하다' 또는 '급격히 인기를 얻다'는 뜻으로는 take off를 주로 사용합니다. 아이디어, 상품, 사업 등이 순식간에 인기를 얻거나 활성화될 때 'The new product reall took off.'와 같이 표현할 수 있습니다.

> Why do you think there's this **embrace** of analog activities?

096. embrace

'포옹하다', '껴안다'라는 물리적인 의미와 함께, 사상, 변화, 기회 등을 '기꺼이 받아들이다, 수용하다'라는 비유적 의미로 자주 쓰이는 단어입니다. 애정의 표시로 사람을 꽉 껴안거나, 새로운 상황을 긍정적으로 포용할 때 널리 사용됩니다.

* *We should embrace new technologies.* / 우리는 새로운 기술을 받아들여야 한다.

NBC Nightly News / January 21, 2026

> Cigna said ambulance companies are among the most **egregious** billers in the health care system and that many choose not to contract with health insurers, which allows them to charge significantly higher rates.

097. egregious

'지독한', '터무니없는', '악명 높은'이라는 뜻의 형용사로, 눈에 띄게 나쁘거나 충격적인 상황을 묘사할 때 사용합니다. 라틴어 'ex'(~에서 멀리)와 'grex/greg'(무리)에서 유래하여 원래는 '무리에서 두드러지는'이라는 긍정적 의미였으나, 현재는 매우 나쁜 쪽으로 두드러진다는 뜻으로 정착되었습니다.

That planned closure is coming after a **slew** of artists' cancelled performances once the president purged the Kennedy Center's board, naming himself chairman and putting his own name on the building.

098. slew

주로 '많은 수, 다량'이라는 뜻의 명사로 사용되며, 'a slew of(수많은~)' 형태로 자주 쓰입니다.

A whole slew of new products / 수많은 신제품들

말할 때, 글쓸 때 활용할만한 표현들

문장을 연결하는 관계사

NBC NBC Nightly News / January 29, 2025

How to describe that magic? Just to say **that nature has miracle that sometimes we get a chance to get a glimpse of and learn a little bit about**.

001. 전치사로 끝나는 관계사절

관계사 that은 전치사와 같이 안 쓰는 경우가 일반적이라고 배웠지만 실제로는 위 문장처럼 쓰는 경우도 많습니다.

격식 있는 말하기나 글쓰기에서는 전치사로 문장을 끝내지 말라고 합니다만, 일상적인 대화에서는 전치사로 문장을 끝맺으면 위 문장처럼 의미 전달이 좀 더 명확해지는 측면도 있는 것 같습니다.

But to this core question **that I think so many New Yorkers are curious to know the answer to**, what did President Trump say to you? Did he assure you he will not send troops into New York?

전치사로 끝나는 관계절은 입에 잘 안 붙는 것 같습니다. 익숙하게 만들어두면 활용도가 높을 것 같습니다. 예를 들어, '사람들이 대답을 알고 싶어 하는 그 이슈에 대하여...' 라는 표현은 'Regarding the issue so many people are curious to know the answer to...' 라고 쓸 수 있겠습니다.

Also tonight, triumph and **tribulations** at the Olympic Winter Games. What skier Lindsey Vonn just said about her horrific crash and **the injuries she's now recovering from**.

tribulation 고난, 시련, 재난 또는 억압으로 인한 심각한 괴로움을 뜻합니다. 일상적인 어려움이나 성경적 맥락에서의 박해/시련을 의미하기도 합니다. 'Trials and Tribulations'라는 표현으로 자주 쓰여 '시련과 고난'을 의미합니다.

the injuries she's now recovering from 관계사가 생략되고 전치사 from이 문장 맨 뒤에 위치하는 구조입니다. 문법적으로 금기시되기도 했으나, 현대 영어에서는 매우 자연스러운 표현 방식입니다. 'I have a pen to write with.'처럼 with라는 전치사가 의미를 보완하는(여기에서는 도구의 의미) 형태로 쓰이기도 합니다.

전치사로 끝나는 대표적인 문장 유형은 아래와 같습니다.

1) 관계대명사절 (This is the house I live in.)

2) 의문문 (What is it for?)

3) to 부정사구 (I have a pen to write with.)

4) 상용구 (Where's the library at?)

And even though mother nature has given them the **resilience needed to thrive in both river streams and the sea**, when disaster strikes, there are team like **these always willing to lend a human hand**.

002. 관계사의 생략

resilience (that is) needed,

theses (who are) always willing to

구어체의 인터뷰 대사입니다.

Listen, **I understand that had we gone into a shutdown, even for a handful of days, it would have been difficult**. But it would have sent a message the Democratic party is not going to be bullied by Donald Trump.

003. 종속절속 가정법

that 다음에 had로 시작하는 가정법 과거를 붙이는 것이 독특해보입니다. 격식 있는 대화에 활용해도 좋을 듯 합니다.

And the idea that what Biden did at the White House is similar to **Trump basically being a salesman and hawking the Tesla on the front lawn of the White House** is completely different.

004. 동명사 구문

Trump basically being a salesman…

동명사 구문인데, 쓰면 멋스럽지만 의외로 입에서 잘 안나오는 형태입니다.

확장 005. That being said

뉴스에서 많이 들리는 that being said는 '그건 그렇고' 혹은 '앞서 말한 내용은 그렇다 치고'라는 뜻으로 사용되는 분사 구문입니다. 앞선 내용의 중요성을 인정하면서도 다른 측면을 강조하는 '반전'의 의미로 사용하거나,

긍정적인 상황을 말한 뒤 발생 가능한 잠재적 문제나 예외를 덧붙이는 '보완'의 의미로 사용합니다. 많이 들리는데 마찬가지로 입에 잘 붙지 않습니다. 대화중에 은근슬쩍 끼워 넣으면 원어민스럽게 들립니다. 'Having said that'이나 더 짧게 'That said'이라고 써도 같은 의미입니다.

* I know the project timeline is tight. That being said, I'm confident we can complete it on time. / 프로젝트 일정이 촉박하다는 걸 알고 있습니다. 하지만, 제시간에 끝낼 수 있다고 확신합니다.

NBC Nightly News / June 24, 2025 / 이란 이스라엘 전쟁

[Trump] They came out and they dropped a load of bombs, **the likes of which I've never seen before**.

006. the likes of which

어떤 상황들 + which로 받는 게 일반적이고, the likes of which는 자주 안 보이는 표현인데, 트럼프 대통령이 자주 사용합니다. '그와 같은 종류의 것' 또는 '전례가 없는(매우 대단한/심각한) 것'을 강조할 때 쓰는 표현입니다. 문법적으로는 앞서 언급한 명사를 다시 가리키며, 보통 뒤에 'never seen before'와 같은 표현이 붙어 '지금껏 본 적 없는 놀라운/심각한 것'이라는 뉘앙스를 풍깁니다.

* We are facing a crisis, the likes of which we have never seen before. / 우리는 지금껏 본 적 없는 종류의 위기에 처해 있다.

NBC Nightly News / June 25, 2025

And treat every email, call and text as a scam **until proven otherwise**.

007. until proven otherwise

다르게 입증될 때까지. 어떤 사실이 100% 확실하지 않더라도, 명백하게 틀렸다는 증거가 나오기 전까지는 그것을 사실로 간주하겠다는 논리를 펼칠 때 자주 쓰입니다.

* In court, a person is innocent until proven otherwise. / 법정에서 사람은 반대 증거가 입증될 때까지는 무죄입니다.

확장 unless stated otherwise 다르게 명시되지 않는 한

They haven't ruled out sabotage. That's on the table. I would say that everything is on the table at this point **relative to** all the possibilities for understanding why these switches moved.

008. relative to

크게 두 가지 상황에서 쓰입니다. '~에 비해'와 '~에 관하여'입니다.

* *His salary is quite low relative to how difficult his job is.* / 그의 업무 난이도에 비해 월급은 꽤 낮은 편입니다.

* *It is important to get all the facts relative to the case.* / 그 사건에 관한 모든 사실을 파악하는 것이 중요합니다.

And ultimately, what we need more of is equality across our city and across our state and across our country.

And I'm fighting for the very working people **that** he ran a campaign to empower, **that** he has since then betrayed.

009. 구어체에서 that의 중복 사용

문어체로는 잘 안 보이는 표현인데, 인터뷰하면서 사용하는 걸 들어보니 선행사인 people과 떨어뜨려 두 번째 관계대명사 that을 사용하면서 첫 번째 that 절과의 극명한 비교를 강조하는 표현으로 효과적인 것 같습니다. 밑줄은 '그가 지원(empower)하려고 선거를 치렀지만, 이후로 배반해 왔던 그 사람들' 정도로 번역할 수 있겠습니다.

And the entire world, media included, international government, my own government has treated them with a level of inhumanity that **I never would have imagined** was possible.

010. 삽입구 I never would have imagined

원래는 I would have never imagined가 일반적이나, 부정의 뜻을 강조하기 위해 never를 앞으로 이동시켰습니다.

The House Ethics Committee **cannot** review a report from the Office of Congressional Conduct on this matter **until after** the primary. It's against House rules for a member to have a romantic relationship with a staffer. Tom?

011. not... until after + 사건

직역하면 '~한 이후까지는 아니다'이지만, 실제 문맥에서는 '~한 이후에야 ~하게 된다'는 강조의 의미로 쓰입니다. 어떤 사건이나 시점이 완전히 끝난 뒤라는 점을 더 명확히 강조하는 표현입니다. 예문은 '예비선거가 끝난 후에 윤리위원회가 보고서를 검토할 수 있다'는 뜻입니다.

*It didn't happen until after the meeting. / 회의가 끝난 후에야 그 일이 있어났다.

영어스러운 단어들, 표현들

NBC Nightly News / January 20, 2025 / 트럼프 취임

And **referencing** his dramatic path back to the presidency.

[Trump] Those who wish to stop our cause have tried to take my freedom, and indeed, to take my life.

NBC Nightly News / February 2, 2026 / 앱스타인 사건

Developments in the Epstein case making headlines worldwide. Even mentioned at the Grammys last night by host Trevor Noah, **referencing** President Trump. The President now angrily threatening to sue the comedian.

001. referencing

문맥에 따라 크게 두 가지 의미로 쓰입니다.

1) 참조(참고) 또는 인용하기. 학술적인 글이나 보고서에서 특정 정보의 출처를 밝히는 행위를 말합니다.

2) 언급하기. 대화나 글에서 특정 대상이나 사건을 직접적으로 가리키거나 말하는 것을 뜻합니다.

* *Referencing your sources is important.* / 출처를 밝히는 것은 중요합니다.

* *He was referencing the meeting we had yesterday.* / 그는 우리가 어제 했던 회의에 대해 언급하고 있었다.

「Meet the Press」/ March 16, 2025

Why isn't he here explaining it? You know why. Because he's **out to** privatize Social Security.

002. out to

~하려고 작정하다.

intending to do something for an unpleasant reason, being determined to achieve something

* *She's only out to make money, not help people.* / 그녀는 돈만 벌려고 하지 사람들을 도울 생각은 없다.

He was out to get revenge. / 그는 복수하려고 작정했다.

> Well, again, this is the first time that a full year spending bill has passed **without it being agreed upon by both parties**.

003. with(out) + 명사 + 현재(과거) 분사

부가적인 설명에 유용

> **The odds of** us putt**ing** it out anytime soon are pretty low, just to be honest.

004. the odds of ~ ing

특정 행동이나 사건이 일어날 '확률'이나 '가능성'을 의미합니다. 'the odds of' 뒤에 동명사(ing)를 붙여 '동사하는 것의 확률'로 해석합니다. 단어 'odd'는 보통 '이상한' 혹은 '홀수'라는 뜻이지만, 뒤에 s가 붙은 odds는 '확률/가망/배당률'이라는 전혀 다른 명사가 됩니다.

여기서 us는 동명사 putting의 의미상 주어입니다. 동명사의 의미상 주어는 주로 소유격을 쓰지만 목적격도 씁니다.

What are the odds of ~ing '~할 확률이 얼마나 돼?'라는 뜻입니다.

* *What are the odds of winning the lottery?* / 로또에 당첨될 확률이 얼마인가요?

And in Arizona, that mega fire **dubbed** Dragon Bravo burning for nearly a month...

---

005. dub

'더빙'이나 '별명을 붙이다'라는 뜻으로 사용됩니다.

1) to give something or someone a particular name, especially what you think of it, him, or her

2) to change the sounds and speech on a film or television program, especially to a different language

* *She was dubbed by the newspaper "the Angel of Death"* / 그녀는 신문에서 '죽음의 천사'라고 불렸다.

* *They bought American TV program and dubbed them into Italian.* / 그녀는 신문에서 '죽음의 천사'라고 불렸다.

Authorities identified the alleged gunman as Patrick Joseph White, **a neighbor of his who** requested anonymity tells NBC News that he expressed anti-vaccine sentiments to her on multiple occasions and told her that he believed the COVID-19 vaccine made him sick.

006. a neighbor of his

'a friend of mine'과 같은 표현입니다. his neighbor라고 쓰면 이웃이 한 명이라는 말이기 때문에 일반적이지 않습니다. a neighbor of his neighbors(그의 이웃들 중에 한 명)에서 his neighbors를 소유대명사인 his로 바꾼 것입니다. a friend of mine은 익숙한데 a neighbor of his라고 쓰니 많이 어색하네요.

That's right, Hallie, authorities here have not released one yet, but they say they haven't **ruled out** that the CDC was targeted.

007. rule out

배제하다.

exclude someone or something as a possibility, to prevent something from happening

You have to be open to any opportunity that exists to **bring it about**.

008. bring about

초래하다.

cause something to happen

* *Poor food production brings about hunger.* / 저조한 식량 생산량이 기아를 초래했다.

확장 **come about** 발생하다.

* *Can you tell me how the accident came about?* / 그 사건이 어떻게 발생했는지 얘기해주시겠어요?

확장 **bring on** (불행한 일을) 끌고 오다.

* *I don't know what brought on her anger but you should avoid her until she calms down.* / 무엇이 그녀의 분노를 초래했는지 모르지만, 그녀가 진정할 때까지 그녀를 피해야 한다.

확장 **bring off** 성공하다.

* *The members tried hard to bring off a successful concert.* / 멤버들은 성공적인 콘서트를 만들려고 노력했다.

> **The timing could not have been worse**. 6pm, the middle of rush hour, as people headed out to enjoy a late summer evening.

009. could not have been worse

'could have been worse'라고 쓰면, '더 나쁠 수 있었다', between the line으로 '다행이다'라는 의미로 직관적으로 이해되지만, 여기에 부정을 더하니 직관적으로 이해가되지 않아 몇 번을 돌려들었습니다. 'could not have been worse'는 '더 나쁠 수 없었다', '최악이다'라는 취지의 뉘앙스입니다.

'it was horrible'처럼 직접적으로 표현하지 않고, 가정법에 부정을 더한, 많이 쓰지 않는 문장 유형이지만 상황의 심각성을 도드라지게 표현하는 방법인 것 같습니다.

> Your idea to ask for a truce or a ceasefire, at least to stop the killings as we discuss, is a **necessity**, and we all support this idea.

010. necessity

마크롱 프랑스 대통령의 말입니다. 특별할 것 없는 '필요함'이라는 단어입니다만, 추상적인 개념을 명사화해서 문장을 끝맺거나 시작하는 방식에 우리말과는 조금 다른 생소함이 있습니다.

Financial Times News Briefing / September 3, 2025

Company executives are cracking down on under-performers. UK-based Lloyds Banking Group is overhauling how to measures the productivity of its 63,000 **strong** workforce.

011. strong

어떤 집단에 특정 인원수가 모였음을 나타낼 때
of a specified number

* an army ten thousand strong / 만 명의 군대
* a group twenty strong / 스무 명의 그룹

Trump **doubles down** that Epstein Scandal is a "Democratic Hoax".

012. double down

더욱 강경하게 고집하다. 블랙잭에서 판돈을 두 배로 올리는 행동을 의미하며, 비유적으로 위험이나 비판에도 불구하고 자신의 결정이나 주장을 더욱 강하고 단호하게 고수하거나 밀어붙이는 것을 뜻합니다. 긍정인지 부정인지 조금 헷갈렸는데 트럼프 관련 예문을 보니 분명하게 이해됩니다.

to continue to do something in an even more determined way than before

* *Instead of learning from his mistakes, he's doubling down.* / 잘못에서 배우기보다 그는 더욱 강경하게 밀어붙였다.

Do you think in those spaces people are becoming desensitized **to the enormity of** murder as a crime?

013. to the enormity of something

1) (for size and scale) Use it to emphasize the magnitude of something.

2) (for a serious issue) Use it when the sheer weight of something is hard to comprehend.

* He was unprepared for the enormity of responsibilities that came with leadership. / 그는 리더십에 따르는 책임감의 크기에 준비되지 않았다.

* Nobody fully understands the enormity and complexity of the task of reviving the country's economy. / 국가 경제를 되살리는 과제의 크기와 복잡함은 누구도 완전히 이해할 수 없다.

NBC Nightly News / October 13, 2025 / 연방정부 셧다운 관련

That chaos doesn't sit well with Niko, an Iraq war veteran and **furloughed** government worker who asked us not to use his last name. **How concerned are you that you will be laid off?**

furlough 일시적인 무급 휴직, 정부 폐쇄시 활용됨

014. concern that

(that 절 이하에 대한) 우려나 걱정을 나타냅니다. '~라는 우려가 있다.'

'I am concerned that~' 형태는 익숙한데, 이걸 의문문 형태로 'How concerned are you that~' 이라고 표현하니 즉각적으로 이해가 잘 안되는 것 같습니다. '이러이러한 것에 대해서 얼마나 걱정이 되느냐'를 물을 때 활용하기 좋은 표현인 것 같습니다.

* *I am concerned that your grades have been falling.* / 너의 성적이 떨어지고 있어서 걱정이다.
* *I am concerned about your safety.* / 너의 안전이 걱정이다.

NBC Nightly News / November 23, 2025

Kennedy's 35 year old granddaughter revealing she has only about a year to live because of her **terminal** cancer diagnosis.

015. terminal

끝, 종점을 의미하며, 문맥에 따라 교통수단의 종착역, 컴퓨터 명령 입력창, 또는 질병의 말기, 절망적인 상황 등 '마지막'의 의미를 나타내는 형용사로 사용됩니다.

* *terminal cancer patient* / 말기 암 환자

Him being able to have the ability to use this scholarship just truly is amazing for my family.

016. Him being able to

동명사 being의 의미상 주어는 소유격이나 목적격으로 사용할 있는데, 여기서는 목적격 him을 사용한 형태입니다. '어떤 사람이 ~ 했다'는 하나의 의미상의 덩어리를 주어로 쓸 때 많이 사용합니다. 한국식 표현과는 결이 많이 달라서 의식적으로 한 두 문장 사용해주면 좋습니다.

Officials saying the evidence inside the home was suspicious in nature, **leading them** to bring in homicide detectives.

017. leading to

관계사가 생략된 모양이고, 앞 문장 전체를 뒷 문장으로 연결할 때 자주 쓰이는 표현입니다.

기타, 날짜별

Kennedy saying there are too many chemicals in food, and it's making Americans sick. Today, **the former Democrat turned independent**, defended by Republicans

001. A turned B

A에서 B로 바뀐 사람을 묘사할 때 씁니다.

* He is a teacher turned actor. / 교사에서 배우로 전향한 사람

…if we can circle back to that announcement to send detained migrants to Guantanamo, it **took some at the Pentagon by surprise**, we understand.

002. take someone by surprise

깜짝 놀라게 하다.

> Yes, Lester, five defense officials tell us many people at the Pentagon **were caught completely off guard…**

003. catch someone off guard

허를 찌르다.

take me by surprise와 매우 비슷하지만, catch off guard는 상대방이 '방심하고 있었다'거나 '대비가 부족했다'는 느낌을 조금 더 강조합니다.

> I have absolutely no safety concerns for the F-35 program across **any of its variants**.

004. any of its variants

어떠한 형태의 변형이든

* *The vaccine is effective against any of its variants.* / 그 백신은 그 바이러스의 어떤 변이종에도 효과가 있습니다.
* *Do you have any of its variants in stock?* / 이 제품의 다른 모델 중 재고가 있는 게 있나요?

I want to make certain **that in no way does Russia get a pass in either your mind or your heart**.

005. 부정어 + 조동사의 도치

in no way가 앞에 나오고 does 라는 조동사가 도치된 형태입니다. 부정의 의미를 가진 부사(구)가 문장 맨 앞에 올 때 반드시 도치가 발생합니다.

In 1982, Air Florida flight 90 took off **en route to** Fort Lauderdale...

006. en route to

프랑스어에서 유래한 표현으로, '어떤 곳으로 가는 도중에' 또는 '길을 가는 중에'라는 뜻입니다. 발음은 보통 '앙 루트' 또는 '온 루트'로 읽습니다. 'on the way'와 거의 같은 의미로 쓰이지만, 조금 더 격식 있거나, 여행/운송 상황에서 자주 쓰입니다.

  * *I am en route to the airport. / 공항으로 가는 중입니다.*

NBC NBC Nightly News / January 31, 2025 / 비행기, 헬기 공중 충돌 사고

This is after days of outside speculation **as to** whether there was proper control tower staffing at the time of the accident.

007. as to

'~ 관하여'라는 뜻입니다. 특정 주제를 화두로 던질 때 사용합니다. 특히 의문사(who, what, whether 등) 앞에 올 때가 많습니다.

* *There is some confusion as to who is in charge.* / 누가 책임자인지에 관해 혼선이 있다.

* *I'm not sure as to whether we can finish on time.* / 우리가 제시간에 끝낼 수 있을지에 대해 확신이 없다.

67 people in total died in the crash and recovery of victims continue today, **albeit** slowly as teams await the arrival of heavy-duty barge equipment.

008. albeit

'비록 ~일지라도' 또는 '~이기는 하지만'이라는 뜻의 접속사입니다. although나 even though와 의미는 같지만, 주로 격식 있는 글에서 사용되며 문법적인 활용 방식에 차이가 있습니다.

although와 달리 뒤에 '주어+동사'가 오는 완전한 문장보다는 형용사, 부사, 전치사구 등이 바로 오는 경우가 많습니다. 앞서 말한 긍정적인 내용에 대해 약간의 제한이나 대조되는 정보를 덧붙일 때 유용합니다. 발음은 '올-비-잇'으로 읽으며, 이는 'all be it(비록 그러할지라도)'이라는 옛 표현에서 유래했습니다.

* *The technology is improving, albeit slowly.* / 기술이 발전하고 있다. 비록 느리긴 하지만
* *He accepted the job, albeit with some hesitation.* / 그는 일자리를 수락했다. 비록 약간 망설이기는 했지만
* *It was an amazing computer, albeit expensive.* / 놀라운 컴퓨터였다. 비록 비싸긴 했어도

> It's a very large issue. It's a **30 year low** in air traffic control staffing.

009. 30 year low

여기서 low는 형용사가 아닌 명사로 쓰여 '최저점' 또는 '바닥'을 의미합니다. 반대로 '30년 만의 최고치'라고 표현하고 싶을 때는 30 year high라고 하면 됩니다.

The FAA obviously has standards as to what the staffing level can be at any given time. **Are those largely adhered to?**

010. adhere to

고수하다, 준수하다. 정해진 가이드라인이나 약속을 엄격히 지키는 것을 말합니다.

But when we cannot meet the staffing requirements, we end up beginning to reduce capacity in order to keep the safety level **at what it should be**.

011. at what it should be

'당연히 그래야 할 수준에' 또는 '원래 있어야 할 상태에'라는 뜻입니다. 비슷한 표현으로는 at the desired level(원하는 수준에), where it ought to be(있어야 할 곳에), up to par(기대치에 부합하는) 등이 있습니다.

So could this be a wake up call **to some extent?**

012. to some extent

'어느 정도까지는' 또는 '어는 정도는'이라는 뜻입니다.

I agree with you to some extent. / 어느 정도는 당신의 말에 동의합니다.

> Absolutely. I think any **chance** that we have to talk about the fragility of the air traffic system and the ways to improve it, we should be **outdoing** that.

013. chance

기회, 가능성, 운

opportunity, possibility, luck

* *chances of her resignation··· . / 그녀가 사직할 가능성은...*
* *What are the chances that they'll win? / 그들이 이길 가능성은 얼마나 되나요?*

014. outdo

~보다 잘하다.

to do more or be better than someone else

확장 015. not to be outdone

남에게 뒤처지지 않으려고

not wanting someone else to do something better than you

* *Pat was wearing an outrageous purple dress, so, not to be outdone, I put on my new gold suit.* / 팻이 눈에 띄는 보라색 드레스를 입고 있었기 때문에, 나도 뒤지지 않으려고 새 금색 정장을 입었다

016. outdo oneself

평소보다 더 잘하다, 자신의 기록을 깨다.

* *You've really outdone yourself this time.* / 이번엔 정말 평소보다 훨씬 잘했어.

Yes, I actually spoke to them the night of the actual incident. Again, they themselves are devastated, **this being the life changing moment**, I plan to go spend some time with them.

---

017. 독립 분사 구문 this being

문법적으로는 '독립 분사 구문'이라고 하며, this(이것이) + being(~인 상태이다)이 결합되어 앞뒤 문장의 이유나 배경을 설명합니다.

* *This being the life changing moment, I decided to take the risk.* / 이것이 인생을 바꿀 순간이었기에, 나는 위험을 감수하기로 했다.

Those lives, they came from all **walks**, the 67 people lost when the plane and the helicopter collided.

---

018. walk of life 사회적 계층

여기서 walk는 걷는 행위가 아니라 '살아가는 방식'이나 '경로'를 의미합니다. '인생(life)'을 걸어가는(walk) 길이 저마다 다르다는 점에 착안해 직업이나 사회적 지위를 뜻하게 되었습니다.

used to refer to the job you do or the part of society you belong to(We employ people from all walks of life.)

확장 **walk** 어떤 일을 아주 쉽고 수월하게 해내다. to pass or win something

* *She'll walk the interview, the job is practically hers already.* / 그녀는 인터뷰를 잘 해낼 것이다. 그 일자리는 이미 그녀의 것이다.

And the president **hinting at** tariffs to come on computer chips, steel, and pharmaceuticals

---

019. hint at 또는 hint that

'암시하다'라고 말할 때, 뒤에 명사가 오면 'hint at', 뒤에 문장이 오면 'hint that'이라고 씁니다.

* *He's hinted at the possibility of moving to Canada.* / 그는 캐나다로 이사할 가능성에 대해 암시했다.
* *Mum's hinted that she might pay for my trip to Mexico.* / 엄마는 내 멕시코 여행비를 지원해 줄 수도 있다고 암시했다.

In Panama, flags are flying high, **raising defiance of** President Trump's threat to take back the Panama Canal.

020. in defiance of

~에 맞서서

* *In defiance of the ceasefire, rebel troops are again firing on the capital.* / 휴전에 대한 반항으로 반란군은 수도에 대한 발포를 다시 시작했다.

Okay, so notable you are acknowledging it is possible that prices could at least initially go up.

021. 다양한 that의 생략

But it is an asset **that** we have **that** we fully intend to utilize.

The plan is to have a process **that** we follow **that**'s laid out in law and make sure that we're dealing with these individuals appropriately to what the state and what the national law directs.

022. 구어체에서의 that의 중복

Homeland Security Secretary Kristi Noem의 인터뷰 내용입니다. that 을 계속 이어 붙여서 인터뷰를 이어 갑니다.

> But I guess, Madam Secretary, my questions is, would you **rule out** that women, children and families could be held at Guantanamo Bay? **Do you rule that out?**

023. rule out

배제하다.

to decide or say officially that something is impossible or will not happen, or that something or someone is not suitable

> **The fact of the matter** is the people who were most concerned, the most pushing this narrative, are the same ones who had no issues whatsoever with the intelligence community…

024. the fact of the matter

사실은, 진상은, 문제의 본질은

> I **don't** say that there **might not** be an **instance where** executive privilege might have to be used, but I think that it's terribly **important with the executive branch of the government as powerful and strong as it is** that there **be** some check and balance on it.

025.이중 부정, 반복되는 가정법, 긴 삽입구

트럼프 행정부 초기에 권력에 대한 견제가 필요함을 완곡하면서도 강력하게 호소한 글입니다. 'executive privilege(대통령 특권)가 사용될 수 있는 상황이 없어야 한다고 말하는 것은 아니지만'에서 이중 부정으로 완곡함을 표현하고, it is terribly important와 that 사이의 긴 삽입구도 특징적입니다.

'important that there(should) be'는 당위성의 가정법입니다. '중요, 요구, 제안, 명령'을 나타내는 형용사나 동사가 나오고 그 뒤에 that 절이 이어지면, 그 내용은 '마땅히 그래야 한다'는 당위성을 담게 됩니다. 이때 that절의 동사 앞에는 조동사 should가 생략된 것으로 보며, 동사는 항상 동사 원형을 씁니다.

026. instance where

활용도가 높고 표현이라 한번 짚고 갑니다. '~하는 사례' 또는 '~하는 경우'로 해석됩니다. 특정한 상황, 사건, 혹은 예시를 구체적으로 지목할 때 사용하는 표현입니다. 여기서 where는 장소가 아니라 '상황'을 수식하는 관계부사 역할을 합니다.

* *This is a rare instance where the theory actually works.* / 이것은 그 이론이 실제로 적용되는 드문 사례입니다.
* *Can you give me an instance where this rule applies?* / 이 규칙이 적용되는 경우를 하나 들어줄 수 있나요?
* *There have been instances where the system failed.* / 시스템이 고장 났던 사례들이 있었습니다.

NBC NBC Nightly News / February 7, 2025 /
알래스카 비행기 추락, 슈퍼볼 관련 뉴스

Have you ever seen it this quiet? **Not that I** can remember.

027. not that I know of

단순한 'No'가 단정적인 거절이나 부정이라면, 'not that I know of'는 자신이 가진 정보의 한계를 인정하며 부드럽게 답하는 표현입니다. 대답은 'No'에 가깝지만, 내가 모든 사실을 아는 것은 아니기에 예외의 가능성을 열어둘 때 사용합니다.

Judging from the information I have, the answer is no.

And the cause of the Palisades fire is also still under investigation **with authorities continuing to look into** potential arson or whether a small brush fire that officials thought had been put out, reignited.

028. with 분사 구문

'~한 채로' 또는 '~하면서'라는 뜻으로 상황을 부연 설명할 때 유용하게 사용할 수 있습니다.

* He was reading a book with his cat sitting on his lap. / 그는 고양이가 무릎에 앉아 있는 채로 책을 읽고 있었다.

* He listened to the music with his eyes closed. / 그는 눈을 감은 채로 음악을 들었다.

> They may have overconsumed **to their liking** during the at home period during COVID. And coming out of that, they were a little more focused on health and wellness.

029. to one's liking

'~의 마음에 드는' 또는 '~의 취향에 맞는'이라는 뜻입니다.

appealing or enjoyable to someone

> It's been terrible, **to say the least**, but it's also been so beautiful…

030. to say the least

'아무리 낮게 잡아도', '과장하지 않고 말해도'라는 뜻입니다. 현실은 더 극단적으로, '말은 이렇게 하지만 실제로는 이보다 훨씬 더하다'는 속뜻이 있습니다.

used to show that what you are describing is in fact much more serious or important than you have suggested

* The meal was disappointing, to say the least. / 식사는 아무리 좋게 말해도 실망스러웠다. → 실제로는 아주 형편없었다는 뜻

After a string of federal prosecutors refused to do so, seven of them taking part in a mass resignation, leaving their jobs rather than follow orders to drop the case against Adams on the **justification**, it distracted the mayor from devoting his full attention to the president's priorities on immigration and crime.

031. justification

근거/명분, 정당한 이유

a good reason or explanation for something

* _It can be said, with some justification, that she is one of the greatest actresses on the English stage today. / 정당한 이유로 그녀가 오늘날 영국 연극계에서 가장 위대한 여배우 중 하나라고 말할 수 있다._

...calling it **dismissal with leverage** and meant to induce Adam to support the administration's policy objective

032. dismissal with leverage

일반적인 법률 용어라기보다, 고용 관계나 계약 해지 시 '유리한 조건(지속적인 영향력)'을 가진 상태에서의 해고를 의미하는 전략적 표현에 가깝습니다.

> I'll be in his office, up his butt, saying where the hell is the agreement we **came to**.

033. come to

(결론·결정에) 도달하다. to reach a particular point or state

agreement that we had, 혹은 agreement that we discussed 정도로 쓸 수도 있겠지만, agreement we came to 가 좀 더 미국적인 표현인 것 같습니다.

NBC NBC Nightly News / February 22, 2025 / Trump, DOGE, Musk

> **To be advised**, we have two officers hit by gunfire.

034. to be advised

주로 비즈니스 이메일이나 공식 문서에서 '추후 통지 예정' 또는 '알려드릴 예정'이라는 뜻으로 쓰입니다.

to be informed or apprised, older style of business writing that is now considered stilted

> 확장 stilted 부자연스럽고 딱딱한. too formal and not smooth or natural

* *He writes in a formal and somewhat stilted style.* / 그는 포멀하고 약간은 딱딱한 스타일로 글을 쓴다.

* The dialogue in the movie was a bit stilted. / 영화 속 대사가 좀 부자연스럽고 딱딱했어.

Jose, a spoke person in the administration tells me it will be up to each individual agency to determine the next steps for workers who don't reply, stopping just **short of calling** it automatic resignation.

---

035. short of something

~가 부족한, ~에 미치지 못하는

not having enough of something

* I'm a little short of cash right now, so I can't lent you anything. / 내가 지금 현금이 조금 부족해서 너에게 빌려줄 수 없다.

…holding back tears at her **tap out ceremony**, a time-honored military tradition marking the end of basic training

---

036. tap out ceremony

주로 군대나 특수 훈련에서 쓰이는 용어로, '합격(수료) 축하의식'을 의미합니다. 이 의식은 힘든 훈련을 마친 교육생의 어깨를 가족이나 지인이 두드리며(tap) 합격을 알리는 상징적인 순간입니다.

a military tradition where a service member is tapped on the shoulder by a loved one to signify the end of training or graduation

I have **no** plans of ever **not** being on these medications.

037. 이중 부정

　이중 부정으로 강조하는 경우입니다. 국어식으로 사고하면 잘 나오지 않는 표현이기 때문에 연습이 필요할 것 같습니다. 예문은 나는 이 약들을 끊을 생각이 전혀 없다, 약 복용을 중단하지 않겠다는 의지를 매우 강하게 표현한 문장입니다.

　Okay, let's **pick up** right there, Ryan. Could this last-minute criticism from Elon Musk you mentioned there in the report **derail** this bill?

038. pick up

to start something again after an interruption

* *Let's pick up where we left off yesterday. The author picks up the same theme up again on page ten. / 어제 우리가 그만두었던 곳에서 다시 시작합시다.*

039. derail

기차가 선로를 벗어나는 '탈선'에서 유래된 단어로, 일상과 비즈니스에서는 계획이나 대화가 '수틀리다' 혹은 '망가뜨리다'라는 뜻으로 쓰입니다.

to stop something from succeeding

* *Investors are very concerned that a new crisis derail the economic recovery.* / 새로운 위기가 경제 회복을 망칠 거라고 투자가들은 걱정하고 있다.
* *This scandal could derail his political career.* / 이 스캔들은 그의 정치 생명을 망가뜨릴 수 있다.

「Meet the Press」/ Oct 12, 2025 /
Vance 부통령 인터뷰 트럼프의 중동 평화협정 관련

As president Donald Trump prepares to embark on an historic trip to the Middle East to **tout** the deal between Israel and Hamas to free the hostages and end the fighting in Gaza, a battle brews at home.

040. tout

끈질기게 홍보하다, 선전하다, 조르다, 권유하다.

* *Hydrogen has been touted as the fuel of the future.* / 수소는 미래의 연료로 홍

보되고 있다.

Someone might tout for investment. / 누군가 투자를 권유할 수 있다.

확장 041. taunt

놀리다, 비웃다.

They highlighted reactions from abroad – the shock of allies and the taunts of foes. / 그들은 동맹의 경악과 적들의 비웃음이라는 해외에서의 반영을 강조했다.

[VP Vance] But I also have to **give your network a little bit of grief**, Kristen, because last night, I was watching NBC.

---

042. give someone grief

grief는 일반적으로 '슬픔'을 뜻하나, '불평'이나 '비판'으로 사용되는 경우도 있습니다. 위 예문은 제가 뉴스에서 들어본 불평 중 가장 완곡한 표현 중 하나인 것 같습니다.

His teammates gave him grief over his hairstyle, but he didn't care. / 그의 동료들이 그의 헤어스타일에 대해 불평했지만, 그는 신경 쓰지 않았다.

불만을 표현하는 구문을 강한 것부터 약한 것까지 말해보라고 ChatGPT에게 시켜보니 아래와 같이 얘기하네요. 센 것은 lodging a formal complaint, file a grievance, 조금 약한 것은 raising a concern, expressing dissatisfaction, 더 약한 것은 giving someone grief, venting 등입니다.

화풀이하다, 하소연하다.

to express a negative emotion forcefully

* *Walking relieves a lot of tension and it's a good way to vent frustration.* / 걷기는 긴장을 많이 완화해 주고 좌절감을 배출하는 좋은 방법이다.

[Vance 부통령] He actually **broke the mold**.

044. break the mold

고정관념을 깨다, 기존의 틀을 깨다.

to be new and different

* *Their approach to sports teaching broke the mold.* / 스포츠 교육 관련 그들의 방식은 기존의 틀을 깬 것이다.

동의어 045. unprecedented

전례 없는

never having happened or existed in the past

* *Mookie is doing something in our game that is unprecedented.* / 무키가 게임에서 하고 있는 것은 전례가 없는 것이다.

25년 MLB NLCS에 앞서 밀워키 브루어스 Pat Murphy 감독이 다저스 타선, 특히 무키 베츠에 대해 언급한 내용입니다.

(기자) Your team handled Dodgers 6 games to nothing in the regular season. **I don't suppose** your team is the type to(be) overconfident though, I will ask you.

(브루어스 Pat Murphy 감독) Ohthani, you know, one of all-time greats, but I think Mookie Betts is, what he is doing, transitioning back to the infield, playing short stop on you know America's team, like, are you kidding me, and doing it so well, I mean his performance this year is far and most underrated. If you watch baseball and value to a team, that dude is some kind of special. He is like, it will be like, Stephen Curry playing forward, you know what I mean? he could do it because those superstars can do that. **Mookie is doing something in our game that is unprecedented.** I love him.

확장 046. I suppose, I don't suppose

기자 질문에 I don't suppose가 나와 잠깐 짚어봅니다. I think, I believe와 유사하지만 보다 소극적이고, 확신이 없는 경우나, 겸양의 의사를 표현하기에 아주 적절하고, 실제로도 많이 사용되는 단어입니다.

* *I suppose you are right.* / 네가 맞는 것 같다(소극적인 수용).

[Vance 부통령] Instead of doing diplomacy **the same old way that** it had failed for the past 30 or 40 years, he gave Steve Witkoff and Jared Kushner a remarkable amount of authority to go and get a peace deal done.

047. the way that

이하의 명사절을 선행사인 the way가 받는 형태입니다.

「Meet the Press」/ Oct 12, 2025 /
Vance 부통령 인터뷰 정부 셧다운 관련

Mr. Vice President, by President Trump's own **calculus**, the pressure is on him to get everyone into a room and get a deal done, **is it not**?

048. calculus

미적분학, 복잡한 계산법

a way of calculating, judging, or deciding something in a complicated situation

* *There is a very tricky political calculus involved here.* / 매우 복잡한 정치적인 계산이 연관되어 있다.

049. is it not?

'isn't it?'이 일반적인 형태로 보이나 not을 분리하여 문장 마지막에 두니 좀 더 포멀하고 강조하는 느낌입니다.

> Kristen, this is not abstract. This is not something that's **pie in the sky**.

050. pie in the sky

그림의 떡, 헛된 기대

something that you hope will happen but is very unlikely to happen

* *Their plans to set up their own businesses are just pie in the sky.* / 그들 자신만의 사업을 시작하려는 계획은 헛된 기대이다.

> No, Kristen, I think that we continue to allow the law to drive these decisions. If the law didn't **necessitate** an investigation and a prosecution in this case, it wouldn't happen.

051. necessitate

필요로 하다. to make something necessary

* *An important meeting necessitate my being in Houston on Friday.* / 중요한 미팅 때문에 나는 금요일에 휴스턴에 있어야 한다.

She writes that while she admired you greatly when she was considering you for her running mate, quote, he also hadn't yet had an **oh blank moment** in his relatively short political career.

052. oh blank moment

말문이 막히거나 갑자기 생각이 나지 않는 순간을 묘사

I wish it would end, but as I see, I don't see any end in sight. This **tit for tat**, I just don't see any end in sight.

053. tit for tat

맞대응, 앙갚음

* I forgot her birthday last year, so I think she didn't send me a card as tit for tat. / 나는 작년에 그녀의 생일을 잊어버렸고, 그녀가 그에 대한 대응으로 나에게 카드를 보내지 않은 것 같다.

부록

하나.

「Avengers: EndGame」이 안 들린 이유들

[Tony] You know, if it wasn't for the existential terror of staring into the literal void of space, I'd say I'm feeling a little better today. Infection's **run its course**, thanks to...

001. run its course

자연스럽게 끝날 때까지 계속되다.

used to say that something begins, continues for a time, and then ends

* *The disease usually runs its course in a few days.* / 그 병은 보통 며칠 지나면 자연히 낫는다.

[Tony] I was really hoping to **pull off** one last one. But it looks like... well you know what it looks like.

002. pull off 잘 해내다.

> [Tony] If you **grovel** for a couple weeks, and then move on with enormous guilt…

003. grovel

비굴하게 빌다, 굽신거리다, 땅에 엎드리다.

lie or move abjectly on the ground with one's face downward, act in obsequious manner in order to obtain someone's forgiveness or favor

확장 obsequious 아부하는, 비굴하게 굴종하는

* The waiter was to obsequious that it became uncomfortable. / 웨이터가 너무 비굴할 정도로 아부해서 오히려 불편했다.

> [Tony] And I needed you, as in past tense. That **trumps** what you need. It's too late, buddy. You know what I need?

004. trump

능가하다. beat something by saying or doing something better

* Taste trumps most if not all other factors when consumers choose food products. / 소비자가 음식을 선택할 때 맛은 다른 모든 분야를 압도한다.

* Safety should trump appearance when buying a car. / 차를 살 때는 안전이 외관보다 더 중요해야 한다.

[Carol Danvers] I'll head down for **recon**. If I'm not back in fifteen, you'll know I found him.

005. recon

정찰, 수색, 답사, 지형 조사, 예비 점검. short for reconnaissance

Natasha sits there, then **crumples**.

006. crumple 구기다. 풀이 죽다.

[Steve] I spotted a **pod** of whales coming over the bridge.

007. pod 작은 떼

[Tony] Which was a billion-to-one cosmic **fluke**.

008. fluke 요행

[Tony] Oh, of course, **time heist**, why didn't we think of this before? Right, because it's a **pipe dream**. Who are you again?

009. time heist 시간 강탈

010. pipe dream 몽상, daydream

> [Tony] Gotta say it. Sometime I've missed that **giddy** optimism. Sadly, all your high hopes won't help me if there's no logical, tangible way for me to safely execute said "time heist." I believe the most likely outcome would be our collective demise.

011. giddy 아찔한, 충동적인, 들뜬

> [Natasha] We have to take a **stand**.

012. stand 입장, 태도, 정책, 견해

> [Tony] Yeah, well, I got my second chance right here. I can't roll the dice on it. The table is set for six. If you don't **talk shop**, you're welcome to stay for lunch.

013. talk shop 자기 일 이야기만 하다

> Smart Hulk **meshes** his fingers together.

014. mesh

그물, 톱니바퀴의 맞물림, (법률 따위의) 망. 톱니바퀴를 맞물리다.

> [Smart Hulk] Eighteen months in the Gamma lab. I put **the brains and the brawn** together. And now look at me. Best of both worlds.

015. the brains and the brawn 머리와 체력

> Two kids **amble** up to the booth.

016. amble

느긋하게 걷다, 산책하다. to walk in a slow and relaxed way

* He was ambling along the beach. / 그는 해변을 따라 느긋하게 걷고 있었다.

> Smart Hulk makes a **duck face** as Steve **sheepishly** snaps the pic, handing the phone back.

017. duck face

셀카를 찍을 때 오리처럼 입술을 쭉 내미는 표정을 뜻하는 신조어입니다.

an exaggerated pouting expression in which the lips are thrust outward, typically made by a person posing for a photograph.

018. sheepish

멋쩍은, embarrassed because you know that you have done something wrong or silly

* *He gave a sheepish grin after admitting his mistake. / 그는 실수를 인정한 후 멋쩍은 미소를 지었다.*

> He considers, then finally **relents**, pulling out his phone.

019. relent

마침내 동의하다, 수그러들다. to act in a less severe way towards someone and allow something that you had refused to allow before, back down, give way

[Tony] I've had a mild inspiration, like to see if it checks out. I would like to run one last sim before we **pack it in** for the night. This time, in the shape of Mobius Strip, **inverted**.

[Friday] Processing

[Tony] All right, give me the **eigenvalue** of the particle, factoring in spectral decomp. Run it. That'll take a second. And don't worry if it doesn't **pan out**, I'm just kind of…

[Friday] Model **rendered**.

[Tony] Shit.

020. pack it in

하던 일을 그만두다. to cease doing something

021. invert

거꾸로 하다, 뒤집다. to turn something upside down or change the order of two thing, reverse

* *In some languages, the word order in question is inverted.* / 어떤 언어에서는 질문할 때의 어순이 거꾸로다.

022. eigenvalue 고유 값, eigen(독일어, own의 뜻)

023. pan out

결과적으로 (잘) 되다, 전개되다. to develop in a particular way or in a successful way, end up, conclude

* *He's happy with the way the deal panned out.* / 그는 그 거래가 전개된 방식에 만족한다.

024. rendered

어떤 상태가 된, 랜더링된. to cause someone or something to be in particular state

* *His rudeness rendered me speechless.* / 그의 무례함에 나의 말문이 막혔다.

* *New technology has rendered my old computer obsolete.* / 새로운 기술은 내 오래된 컴퓨터를 구식으로 만들었다.

[Tony] First of all, that's a Mommy word, she coined it.

coin to invent a new word or expression, or to use one in a particular way for the first time

[Tony] I think I solved it.

[Pepper] Just so we're both talking about the same thing-

[Tony] Time travel.

[Pepper] That's amazing.

[Tony] Yeah.

[Pepper] And terrifying.

[Tony] **To say the least**.

---

025. to say the least

'아무리 좋게 말해도', '최소한으로 말해도'라는 뜻입니다. 실제 상황은 훨씬 심각하거나 대단하지만, 표현을 절제하여 부드럽게 낮추어 말할 때 상용하며, 뉘앙스상 실제로는 더 나쁘거나 훨씬 더 좋을 때 사용합니다.

* *The serivce was poor, to say the least.* / 아무리 좋게 말해도 서비스가 엉망이었다.

Suddenly Scott reappears…but he's 12-year-old.

[Scott] Uh, guys? This doesn't feel right.

[Natasha] Is that Scott?

[Smart Hulk] Probably…?

He **scrambles**, hitting buttons. Scott shrinks to nothing.

026. scramble

'손을 짚어가며 힘들게 기어가기', '재빨리 움직이기', '앞다투어 쟁탈하기', '뒤섞다'라는 뜻입니다. 주로 다급한 상황에서 허둥지둥 움직이거나, 계란을 풀어 익히는 요리, 혹은 군용기의 긴급 발진 등 긴박하거나 무질서한 상황을 묘사할 때 사용됩니다.

* *The people scrambled to get out of the building.* / 사람들은 빌딩에서 나가려고 허둥지둥 움직였다.

[Tony] Just don't **flaunt** it. I didn't bring enough for the whole team. We are getting the whole team, right?

027. flaunt

돈, 재능, 소지품 등을 다른 사람들에게 뽐내거나 '과시하다', '자랑하다' 라는 뜻입니다.

* *She was flaunting her new engagement ring.* / 그녀는 새 약혼반지를 뽐내고 있었다.

확장 flout 법이나 규칙을 어기다, 무시하다.

INT. NEW ASGARD, CABIN DAY

Smart Hulk opens the door. Pizza boxes and liquor bottles litter the floor, Rocket **recoils**.

028. recoil

움찔하며 물러서다. 공포나 혐오로 인해 뒷걸음질 치는 행동

[Smart Hulk] We need your help. There's a chance we can fix everything.

[Thor] Like the cable? It's **driving me bananas**.

029. drive me bananas

상대방이나 상황이 나를 '미치게 만들다' 또는 '몹시 짜증나게 하다'는 뜻의 비격식 표현입니다. 여기서 bananas는 미친, 제정신이 아닌 이라는 슬랭으로 쓰이며, 몹시 짜증날 때나, 열광하거나 흥분할 때(보통 go bananas 형태로)를 뜻합니다.

* *That costant noise is driving me bananas!* / 저 끊이지 않는 소음이 나를 미치게 해
* *The crowd went bananas when the singer appeared.* / 가수가 나타나자 관중들은 열광했다.

> [Smart Hulk] Look, I get it. You're in a **rough patch**. I've been there. But you know who helped me out of it?

030. rough patch

인생, 업무, 인간관계 등에서 겪는 '어려운 시기', '역경'을 뜻하는 관용구입니다. 울퉁불퉁한 도로를 지나는 것처럼 일이 잘 풀리지 않는 기간을 비유하며, 주로 'go through a rough patch(힘든 시기를 겪다)'나 'hit a rough patch(어려운 상황에 부딪히다)' 형태로 사용됩니다.

patch는 상황에 따라 여러 의미로 쓰이지만, 기본적으로 '무언가를 덧대어 고치거나 보완한다'라는 핵심 개념을 가지고 있습니다.

> [Thor] Stop. Stop. I know you think I'm down here, **wallowing** in my own self-pity, waiting to be rescued. But I'm fine. I'm happy. Whatever it is you're offering, don't care. Couldn't care less.

031. wallow

주로 무언가에 푹 빠져 있거나 몸을 뒹구는 상태를 의미하며, 상황에 따라 물리적인 행동이나 심리적인 상태를 나타냅니다.

* *wallow in self-pity* / 자기 연민에 빠지다
* *wallow in luxury* / 사치에 젖어 살다.

[Steve] Most folks here have encountered at least one of the six Infinity Stones-

[Tony] I think you mean nearly been killed by one of the six Infinity Stones.

[Scott] I haven't. Just…saying.

[Smart Hulk] **Regardless**, we've only got enough Pym Particles for one round trip, each. And the Stones have been in a lot of places throughout history.

032. regardless 어쨌든

* *It's a good idea, regardless.* / 어쨌든, 그거 좋은 생각이야.

Tony, Natasha, and Smart Hulk **hash it out**.

033. hash out

의견 차이가 있는 상황에서 대화를 통해 세부사항을 조정하고, 최종적인 합의점이나 해결책을 도출해낸다는 뜻의 숙어입니다.

* *We need to has out the details of the contract.* / 계약의 세부 사항을 논의하여 확정해야 한다.

[Natasha] So this 'Time Stone' guy…what kind of doctor was he?

[Smart Hulk] Strange?

[Tony] Cross between ear-nose-and-throat and **rabbit-from-hat**.

034. rabbit from hat

'pull a rabbit out of the hat'이라는 관용구로 쓰이며, 마술사가 모자에서 토끼를 꺼내듯 불가능해 보이거나 곤경에 처한 상황에서 예상치 못한 기발한 해결책(묘안)을 갑자기 뚝딱 내놓다는 뜻입니다.

* *The team was losing, but the coach managed to pull a rabbit out of the hat.* / 팀은 지고 있었지만, 코치는 마법처럼 해결책을 내놓았다.

[Steve] Most of us are going back to places we know. That doesn't mean we know what to expect. Be carefuel. Look out for each other. **Improvise**, if you have to. This is the fight of our lives. And we're going to win. Whatever it takes.

035. improvise 즉석에서 하다(만들다), 임시변통으로 만들다.

Clint checks his pocket: A SHRUNKEN BENATAR sits inside.

[Rocket] You promise to bring that thing back in one piece?

[Clint Barton] Yeah, sure thing. I'll do my best.

[Rocket] That's pretty **lame, as far as promises go**.

036. lame 절룩거리는, 불완전한, 어설픈, 서툰

 * *a lame excuse* / 서툰 변명

037. as far as something go ~치고는

 * *As far as action movies go, it was pretty good.* / 액션 영화치고는 꽤 괜찮았어.

EXT. NEW YORK CITY – DAY(AVENGERS 1)

TITLE: NEW YORK 2012

THE BATTLE OF NEW YORK RAGES. IN THE MIDDLE OF IT ALL, THE AVENGERS GATHER IN A CIRCLE, **FACING IMPOSSIBLE ODDS**.

038. facing impossible odds

특별한 뜻이 있는 건 아니고, 어벤저스 1편의 티피컬한 한 장면을, 엉망이 된 뉴욕의 도로에서 어벤저스들이 원형을 그리고 있고 카메라가 휙 훑고 지나가는 걸 'THE AVENGERS GATHERING IN A CIRCLE, FACING IMPOSSIBLE ODDS'라고 표현했네요.

Just then, A1 HULK **BOUNDS DOWN** THE STREET SMASHING THING.

어벤저스 1편의 헐크가 때려 부수면서 길을 내려오는 장면입니다.

039. bound down

'계단을 신나고 활기차게 뛰어 내려가다' 또는 '펄쩍펄쩍 뛰며 내려오다'라는 뜻으로 사용됩니다. 'Bound'가 힘차게 튀어 오르거나 달리는 동작을 의미하여, 아래쪽(down)으로 향하는 역동적인 모습을 묘사합니다.

> [Steve] And Bruce? Maybe smash a few things along the way. For appearance.
>
> [Smart Hulk](taking off his shirt) All right, but I have to say, it seem **gratuitous**.

040. gratuitous 무료의, 호의의, 원인 없는, 불필요한

* *a gratuitous liar* / 쓸데없이 거짓말하는 사람

> He half-heartedly smashes a few cars.

041. half-heartedly 건성으로, 성의 없이

반 wholeheartedly 진심으로, 전폭적으로

* *He half-heartedly agreed to the plan.* / 그는 내키지 않은 듯 그 계획에 찬성했다.

> ON ONE SIDE OF THE SANCTUM ROOF, A TINY, HOODED FIGURE **hurls jagged mandalas** into the sky.

042. hurl 집어 던지다, 세게 던지다.

043. jagged

톱니 같은, 지그재그의, (리듬 등이) 고르지 못한, (생각 등이) 다듬어지지
않은

044. mandalas 만다라(기하학적 도형으로 신상 또는 신의 속성이 그려져 있음)

'**ASTRAL** BANNER' hangs in the air, staring at this frozen
Smart Hulk body. He looks at this human hands, overwhelmed.

045. astral 별이 많은, 별 세계의

[Rocket] Okay, here's a deal. You're going to charm her, and I'm
going to poke her with this thing, extract the Reality Stone, and
get gone **lickety-split**.

046. lickety-split 전속력으로, 맹렬하게, 크게 서둘러

Thor watches Frigga and her **coterie** disappear down the hall.

047. coterie 한패, 동아리, 동인, 그룹

> As Rocket **scurries** to Jane's door, Thor murmurs to himself.

048. scurry 종종걸음으로(허둥지둥) 달리다. 급히 가다.

> STIFF WIND **PELT** THE SURFACE OF MORAG.

049. pelt ~에 내던지다(with), 연타하다, 세차게 때리다.
* *pelt a boy with snowballs* / 소년에게 눈덩이를 계속 던졌다.

> [Rhodey] Get that stone and come back. No messing around. You guys wath each other's **six**.

050. six

등 뒤. 시계 방향을 기준으로 12시를 정면, 6시(six)를 등 뒤로 간주하는 군사/비행 용어에서 유래했습니다. 누군가가 나를 지켜주고 있을 때는 'I've got your six(내가 네 뒤를 봐줄게)'라고도 합니다.(Watch your six. / 네 등 뒤를 조심해.)

확장 **at sixes and sevens** 완전히 혼란하여, 의견이 일치되지 않아

> A SMALL FIGHTER FLIES IN, **STRAFING** HIM. NEVER BREAKING STRIDE, THANOS SLICES IT IN TWO.

051. strafe 맹폭격하다. 기총 소사하다. 손해를 주다. 몹시 꾸짖다.

Tony **swoops** onto the helipad outside the wrecked penthouse.

대사 사이사이에 있는 장면에 대한 설명에서, 단순해 보이는데 정확한 뜻을 모르는 단어, 특히 동사들이 많네요. 예문에서의 swoop은 아이언맨이 날아와서 헬기 착륙장에 착륙하는 장면에 대한 설명입니다.

052. swoop 단숨에 내리다. 급강하하다. 위로부터 와락 덤벼들다.
* *The elevator swooped down the forty stories.* / 엘리베이터는 40층을 단숨에 내려갔다.

From behind cover, TONY PEERS AT THE BACK SIDE OF THE AVENGERS **TABLEAU**.

---

053. Tableau 정지된 장면, 그림

Steve **negotiates** an empty hallway, **head on a swivel**. He heads for an elevator.

---

054. negotiate 장애 등을 뚫고 나아가다, 어려운 일을 잘 처리하다.
055. head on a swivel 사방을 경계하다.

Tony flicks Scott with a finger, sending him sailing into the **ATTACHE CASE**.

056. attache case

흔히 영화에서 첩보원이나 고위 관료들이 들고 다니는 딱딱한 사각형 모양의 가방입니다. 'attache'는 프랑스어로 '수행 비서'나 '대사관 직원'을 뜻하는데요, 그런 사람들이 중요한 공문서를 담아 다니던 가방에서 이름이 유래되었습니다.

[Tony] Okay, Cap, I **make ten of them**, just passing the 80th floor.

057. make ten of them

여기서 make는 추측이나 판단의 뉘앙스인 것 같습니다.

* *What do you make of it? / 어떻게 생각해?*

[AGENT SITWEL] Evidence secured, we are en route to Dr. List...No, no **hitches** at all, Mr. Secretary.

058. hitch 얽힘, 지장, 장애, 틀림

* *It went off without a hitch. / 그것은 순조롭게 척척 진행되었다.*

A1 HULK **lumbers** down the stairs, taking **chunks** out of corners in the tiny **stairwell**. He snorts, growing more pissed off.

059. lumber 쿵쿵 걷다, 무겁게 움직이다.

060. chunk 큰 나무 토막, 두꺼운 조각, 큰 덩어리

061. stairwell 계단으로 이루어진 우물 모양의 수직 공간

SCOTT slides down Tony' **clavicle to the RT**. He sniffs.

062. clavicle to the RT 오른쪽 빗장뼈(쇄골)

[Tony] Move it, Stuart Little. Things are getting **dicey** out here.

063. dicey 위험한, 아슬아슬한

[Tony] You're only giving me a minor cardiac **dysrhythmia-**

064. dysrhythmia 리듬 장애

A1 Tony **SEIZES**, dropping. THE TESSERACT CASE **CLATTERS** TO THE GROUND. PIERCE AND A1 THOR kneel to assist.

065. seize 기계가 서다, 멈추다.

066. clatter 덜걱덜걱거리다. 소란스런 소리를 내며 움직이다.

A1 HULK **BASHES** HIS WAY THROUGH THE LOBBY.

067. bash 후려갈기다, 처부수다

[AI Steve] Strike Teams, clear Forty, then work down.

[AI Steve] **Disregard**. I have eyes of Loki, Fourteenth Floor.

[Steve] I'm not Loki. And I don't want to hurt you.

[AI Steve] You're not going to get the chance-

A1 STEVE KICKS STEVE IN THE FACE. Steve stumbles.

[Steve] Forgot about that one.

They **grapple**. Both their shields fall to the ground...

THEY BOTH **STAMP ON** THEM, simultaneously flipping the shields back to their arms. A1 Steve looks impressed.

A1 STEVE SWINGS. STEVE **DUCKS**, HAMMERING HIM.

A1 Steve wipes the blood from his lip, squaring off.

[AI Steve] **I can do this all day**-

[Steve] Yeah, I know...

068. disregard

대화에서는 자주 안 쓰는 단어인데, 이런 급박한 상황에서 쓰는 걸 보니 독특하네요. 예문에서는 앞의 명령을 '무시해라' 정도로 해석됩니다.

069. grapple 쥐다, 파악하다, 격투하다, 논쟁하다.

070. stamp on 짓밟다, 발로 차다.

071. duck 책임, 위험 등을 피하다.

072. I can do this all day 어벤저스 추억의 표현입니다.

[Ancient One] But if I were to give up the Time Stone to help your reality, I'd be dooming my own.

[Astral Banner] Yeah, with all due respect, I'm not sure the science suports that.

[Anceint One] And yet, you're the one currently standing in the middle of my **hydrangeas**.

073. hydrangeas

수국(하이드레인지아). 어원상 '물(hydro)'을 담는 '그릇(angeion)'이라는 뜻입니다. 물을 좋아하는 수국의 특성이 담겨 있습니다.

확장 국화 chrysanthemum(크리산서멈), 작약 peony(피어니), 수선화 daffodil(대퍼딜), 진달래 azalea(어젤리아)

BACK ON THE ROOF...THE ANCIENT ONE **PLUCKS** MORE STONES FROM THE GOLDEN RIVER, CREATING FIVE MORE BLACKENED TRIBUTARIES.

074. pluck 뜯다, 잡아 뽑다

Finally, she waves her hand and...WHOOSH! HE REINTEGRATES INTO THE SMART HULK BODY. Smart Hulk gets up, **WOOZY**.

075. woozy 멍한, 얼빠진

[Ebony Maw] Sir, the file appears...entangled. It was a memory, but not hers.
 (**dawning on him**)
 There's another consciousness sharing her network. Another Nebula.

076. dawning on him

비로소 깨닫기 시작하다. 해가 뜨는 새벽에 어두웠던 세상에 빛이 비치면서 사물이 서서히 보이는 것처럼, 머릿속에 없던 생각이 서서히, 혹은 갑자기 분명해지는 순간을 표현할 때 씁니다.

[Gamora] Terrans?

[Thanos] Avengers. **Unruly wretches**.

077. unruly 제멋대로 구는

078. wretch 가엾은 사람, 비참한 사람, 비열한 사람, 녀석, 놈.

Frigga grabs Thor by the cloak and **yanks** him away.

079. yank 확 잡아당기다, 해임하다, 체포하다.

[Frigga] Quite a **colossal** one, by the sound of it.

[Frigga] Everyone fails at 'who they're supposed to be,' Thor. The measure of a person, of a hero, is how well they succeed at being who they are.

080. colossal 어마어마한, 굉장한.

> [Tony] All right. If I was SHIELD and I wanted to hide my **quasi-fascistic** black site, where would I hide it?
>
> [Steve] In plain sight.

081. quasi

라틴어에서 유래한 말로, '유사한', '준(準)~', '가상의'라는 뜻입니다. 완벽하게 진짜는 아니지만, 그것과 비슷하거나 그에 준하는 성격을 가질 때 앞에 붙여서 사용합니다.

* *It was a quasi-apology.* / 그건 사과라고 하기엔 좀 애매한, 사과 같은 무엇인가였어.

> [Tony] Come on, you little **hexahedron**, where are you hiding?

082. hexahedron

입체 도형인 육면체입니다. 평면 육각형은 hexagon입니다.

> [Howard Stark[I'm Howard Stark. You seem a little **green around the gills**, Potts. Need some air?
>
> [Tony] That'd be swell.

083. green around the gills

'안색이 창백하다', '토할 것 같다', 혹은 '멀미나 나다'라는 뜻입니다. 몸이 안 좋아서 얼굴빛이 하얗게 질리거나 푸르스름해진 상태를 묘사합니다. gills는 아가미인데요, 여기서는 사람의 목 부위를 비유적으로 나타냅니다.

084. swell

아주 좋은. 1940-50년대 미국 영화나 소설에서 많이 쓰이던 다소 고전적이고 정중한 느낌의 표현입니다.

* *We had a swell time.* / 우리는 아주 즐거운 시간을 보냈다.

[Tony] **How far along is she**?

[Howard Stark] Gee, I suppose...this far. She's at the point where she can't stand the sound of my chewing. So I guess I'll be eating in the pantry again.

---

085. How far along is she?

출산 예정일이 얼마나 남았는지 물어볼 때 쓰는 아주 전형적이고 예의 바른 표현입니다.

임신 주수를 일상에서 자연스럽게 물어보는 표현은, How many weeks is she?, When is she due?, How far are you? 등이 있습니다.

임신이 아니라 일의 진척도를 묻는 것이라면 다음 표현이 세련되게 들립니다. How's the project coming along?, Where are we with the report?

[Howard Stark] Let's just say the greater good hasn't always **outweighed** my own self interest.

086. outweigh

'~보다 더 중요하다'라는 뜻입니다. 물리적으로 무게가 더 나간다는 뜻도 있지만, 주로 추상적인 가치나 영향력을 비교할 때 많이 쓰입니다.

자주 쓰이는 패턴은 'A outweigh B(A가 B보다 더 크다)'입니다.

* *The pros outweigh the cons. / 장점이 단점보다 더 많다.*

Steve stares at her from the darkness, STUNNED.
Peggy **rifles** through a file cabinet.

087. rifle 샅샅이 뒤지다, 강탈하다, 훔치다.

[Howard Stark] If it's a boy, my wife likes Elmonzo.
[Stark] You might let that **stew a while**. You've got time,

088. stew a while

상황에 따라 두 가지 뉘앙스로 쓰입니다. 곰곰이 생각하다, 안달 나게 하다.

* *He was left to stew in his own juice. / 자업자득으로 고생하게 내버려 두었다.*

확장 stew in his own juice 자업자득으로 고생하다. 자기가 만든 요리 국물(juice)에 스스로가 요리(stew)된다는 비유로, 본인이 초래한 곤경이나 나쁜 기분 속에서 누구의 도움도 받지 못하고 고생하는 상황을 의미합니다.

[Howard Stark] My old man never met a problem he couldn't **solve with a belt**.

[Stark] I tried to hold onto the good stuff. Dad dropped the odd pearl, here and there.

[Howard Stark] Like what?

[Stark] 'No amount of money ever bought a second of time.'

089. solve with a belt 매질로 해결하다.

[Howard Stark] I tell you, this kid's not even here yet, but there's nothing I wouldn't do for him.

Tony takes this in, **GRATIFIED**. Just then...EDWIN JARVIS opens the limo door.

[Howard Stark] Besides, if I fall down on the fathering job, old Jarvis is ready to **pick up the slack**. Isn't that right?

090. gratify 기쁘게 하다, 만족시키다.

091. pick up the slack

부족한 부분을 메우다, 더 분발하다, 처진 일을 마무리하다. slack은 줄이 팽팽하지 않고 헐거운 상태를 말합니다.

[Tony] Do we know if she had family?

[Steve] Yeah. Us.

Thor turns, **thrown**.

092. thrown 어리둥절한, 당황한

* *I was a little thrown by his question.* / 그의 질문에 조금 당황했다.

That lands heavily on all of them. A moment passes.
THEN SMART HULK **HURLS** THE BENCH INTO THE
WATER. It **skips across** the surface like a stone.

093. hurl

세게 던지다. 단순히 던지는 것이 아니라, 분노나 힘을 실어 '거칠게 내동댕이치다 또는 내던지다'라는 뜻입니다. 미국 등 북미권에서 '구토하다'를 뜻하는 흔한 구어체 표현입니다.

094. skip across

무언가가 표면 위를 '가볍게 통과하거나 튕겨 나가는 모습'을 의미합니다. 가장 대표적인 예가 물수제비입니다. 돌이 수면 위를 톡톡 튀며 나가는 모습을 표현합니다.

* *The stone skipped across the lake.* / 돌이 호수 위를 통과하며 물수제비를 떴다.

095. tableau

프랑스에서 유래한 단어로, 예술이나 문학에서 쓰입니다. '한 폭의 그림 같은 장면' 또는 '인상적인 정경'을 뜻합니다. in a tableau라고 쓰면 tableau(그림, 정경)의 의미를 살려, 어떤 상황이 마치 정지된 그림처럼 연출된 상태를 말합니다.

* *The actors stood in a tableau on the stage.* / 배우들이 무대 위에서 하나의 정지된 장면처럼 서 있었다.

096. pan

영상/사진용어로 카메라를 고정한 채 좌우로 카메라의 렌즈를 돌리는 것을 말합니다. pan across 또는 pan around는 주로 영상 촬영이나 관찰 상황에서 쓰이며, '한 지점에서 다른 지점으로(카메라를) 천천히 돌리며 비추다'라는 뜻입니다.

* *The camera panned across the stadium.* / 카메라가 경기장 전체를 쭉 훑으며 비추었다.

* *He panned around the room to see who was there.* / 그는 누가 있는지 보려고 방안을 쭉 둘러보았다.

> AT THE WINDOW, SCOTT STARES AT A BIRD FEEDER. DOZENS OF CARDINALS AND **FINCHES** NIBBLE ON THE SEED.

097. finch

우리말로 '되새류'라고 부르는 작은 새들을 뜻합니다. 금화조(Zebra Finch), 문조, 방울새, 카나리아 등이 이 분류에 속합니다.

> Then the light changes... AND THE SANCTUARY-2 **parts the clouds**. It hovers over the ruins like a vulture.

098. parts the clouds

'구름을 가르다' 또는 '구름이 걷히다'라는 뜻입니다. 상황에 따라 실제 날씨나 비유적인 의미로 쓰입니다.

* *The sun parts the clouds after the storm.* / 폭풍이 지난 후 태양이 구름을 가르고 나타났다.
* *His smile parts the clouds of my sadness.* / 그의 미소는 내 슬픔의 구름을 걷어 내 준다.

> THANOS, **FLANKED** BY A SQUAD OF OUTRIDERS. The Mad Titan looks around at the devastation he has **wrought**.

099. flanked

'옆에 서 있다' 또는 '측면에 배치되다'라는 뜻입니다. 주로 양옆에 누군가가 있어 호위를 받거나 둘러싸인 모습을 묘사할 때 씁니다.

100. wrought

현대 영어에서 work의 과거/과거분사는 worked이지만, 옛날 영어(고어)에서는 wrought를 사용했습니다. 현재는 주로 '초래하다', '일으키다'라는 격식 있는 표현에서만 과거분사 형태로 남아 쓰입니다.

* wrought devastation / 파괴를 초래하다
* wrought havoc / 대파괴를 일으키다
* wrought change / 변화를 이끌어내다

Rhodey's suit **RATCHES OPEN**. HE **HAULS** HIMSELF FREE to see... ROCKET TRAPPED UNDER RUBBLE. AS HE CRAWLS TO HIM...

THE CEILING **RUMBLESS**. SMART HULK **WAVERS**, MUSCLES QUIVERING.

---

101. ratches

open 또는 ratchets open은 크게 기계적인 동작과 비유적인 의미로 나뉩니다. ratche(래칫)은 한쪽 방향으로만 움직이게 하고 반대 방향은 막는 톱니 장치를 뜻합니다. 이 장치가 작동하며 무언가를 열 때 '딸깍거리며 단계적으로 열리다'라는 의미로 쓰입니다. 비유적으로는 '서서히, 되돌릴 수

없이 열리다'라는 뜻입니다. 한 번 진행되면 다시 이전 상태로 돌아가기 힘
든 톱니바퀴의 특성(Ratchet Effect)을 비유합니다.

* *The scandal ratcheted open a divide in the community that had been hidden for years.* / 그 스캔들은 수년간 숨겨져 왔던 지역 사회의 분열을 단계적으로 돌이 킬 수 없이 열어젖혔다.
* *As the investigation continued, the truth ratcheted open, revealing a complex web of lies.* / 조사가 계속됨에 따라 진실이 한 칸씩 확실하게 드러났고, 복잡하게 얽힌 거짓말의 실체가 나타났다.

102. haul

기본적으로 무언가를 '힘을 주어 끌어당기다'라는 뜻이며, 상황에 따라
다양하게 해석됩니다. 예문에서는 '간신히 움직이다' 정도로 해석됩니다. 명
사로는 한꺼번에 얻은 물건들, 수확물을 뜻하기도 하고, 이동하는 먼 거리
를 뜻하기도 합니다.

* *I had to haul myself out of bed.* / 침대에서 간신히 나왔다.
* *long-haul flight* / 장거리 비행

103. waver

크게 '흔들리다'와 '망설이다'라는 두 가지 핵심 의미를 가집니다. 먼저 물
리적인 흔들림으로, '휘청거리다', '약해지다/떨리다'는 의미가 있습니다. 예
문은 '헐크가 약해지고 떨렸다'라로 해석하면 되겠습니다. 심리적인 망설임
을 표현할 때도 많이 쓰입니다.

* *His determination did not waver.* / 그의 결심은 흔들리지 않았다.

> He **peers down** a darkened tunnel, then unshoulder his bow. HE LOOSES A FLARE ARROW, revealing...

104. peer down

높은 곳에서 낮은 곳을 '유심히 들여다보다' 또는 '응시하다'라는 뜻입니다. 단순히 보는(look) 것이 아니라, 잘 안 보여서 눈을 가늘게 뜨거나 집중해서 보는 뉘앙스가 강합니다.

* *He peered down from the balcony.* / 그는 발코니에서 아래를 유심히 내려다 보았다.

> **Woozy**, Steve follows Tony through the ruins of the lab.

105. woozy 몸이 '어질어질한' 또는 '가누기 힘든' 상태를 뜻합니다.

> **LIGHTNING** STRIKES AS HE'S COVERED IN **CAPE** AND ARMOR.

106. lightning

번개. lightening은 가볍게 하거나 밝게 만드는 과정을 뜻합니다. 스펠링이 다릅니다.

107. cape

어깨에 걸쳐 등 뒤로 늘어뜨리는, 소매가 없는 겉옷입니다. 바다나 호수

쪽으로 뾰족하게 튀어나온 육지의 끝부분을 말하기도 합니다.

* Cape of Good Hope / 희망봉

TONY APPROACHES, WARY, AS IF SNEAKING UP ON
A **RABID DOG**. STEVE AND THOR F**AN OUT** ON EITHER
SIDE.

108. rabid dog 광견병에 걸린 개

109. fan out

부채(fan)을 펼치는 것처럼 '사방으로 넓게 퍼지다'라는 뜻입니다.

[Thanos] I thought by eliminating half of life, the other half
would thrive. But you've shown me that's impossible. Life clings
to the past with bloody fingernails. As long as there are those who
remember **what was**, there will be those unable to accept **what
can be**. They will resist.

I will shred this universe down to its last atom. And then, with
the stones you've collected for me, create a new one, **teeming
with** life that knows not **what it has lost**, but only **what it has
been given**. A grateful universe.

110. what was, what can be, what it has lost, what it has been given

관계대명사 what으로 타노스의 핑거스냅의 원대한 계획들을 함축적으로 표현하고 있습니다.

111. teeming with

'~으로 가득 찬' 또는 '~이 바글바글한'이라는 뜻으로, 생동감이 넘치거나 무언가 엄청나게 많을 때 사용합니다.

> *The river teems with fish. / 강에 물고기가 바글거린다.*

Suddenly, Smart Hulk **snarls in pain** ans the CEILING DROPS A FOOT. His leg buckle as he struggles against the weight.

Finally he **sets his jaw**... AND STRAIGHTENS HIS LEGS.

---

112. snarls in pain 고통 때문에 으르렁거리다.
113. set one's jaw 이를 악물다.

MJOLNIR **PLOWS** INTO THE DIRT.

---

114. plow

기본적으로 '쟁기' 또는 '쟁기질하다'라는 뜻이며, 상황에 따라 다음과 같이 확장됩니다.

1) 통제력을 잃고 어딘가에 '박히다' 혹은 '들이박다'라는 뜻으로 쓰입니다.

2) 장애물을 헤치고 억척스럽게 나아가는 모습을 비유하기도 합니다.

* *The car plowed into the fence.* / 차가 울타리를 들이 받았다.

* *had to plow through a pile of paperwork.* / 나는 서류 더미를 꾸역꾸역 처리해야

   했다.

EXT. AVENGERS COMPOUND, CRATER – DAY

Steve slashes at Thanos. The Titan brutally bats him aside.

Thor attacks, but Thanos drives him through walls of debris. THANOS SMASHES HIS FIST INTO THOR'S FACE, OVER AND OVER.

Thor calls for Stormbreaker, but Thanos intercepts it. He presses the blade into Thor's chest, trying to drive it home.

Then, across the field...MJOLNIR RISES INTO THE AIR.

THANOS GRINS, ABOUT TO FINISH THOR OFF, WHEN...MJOLNIR FILES IN, KNOCKING THE AXE OUT OF HIS HAND.

Follow the hammer as it files back to the only other man worthy enough to wield it...STEVE ROGERS.

Half-conscious, THOR SEES STEVE HOLDING MJOLNIR.

[Thor] I...knew...it...

특별한 단어나 표현은 없습니다.

캡틴이 몰니르를 처음 사용하고, 토르의 'I knew it'이 나오는 장면입니다.

> But just then, Steve's COM CRACKLES. He **strains** to hear. The com crackles again. We can make out A MUFFLED VOICE.

115. strain

예문의 strains to hear는 '들으려고 애를 쓰다' 또는 '귀를 쫑긋 세우고 집중하다'라는 뜻입니다. 'strain'의 원래 뜻인 '팽팽하게 당기다'처럼, 청각 신경이나 몸을 그 소리 쪽으로 바짝 긴장시켜 당기는 느낌입니다. '팽팽하게 당기다'라는 느낌을 바탕으로, 크게 물리적 부담, 여과, 심리적 압박 세 가지 의미로 쓰입니다.

1) (근육 등을) 결리게 하다, 삐끗하다, 무리하게 사용하다.

2) (체에) 걸러내다, 물기를 빼다.

3) 중압감, 부담, 갈등

* *I strained a muscle while lifting the box.* / 박스를 들다가 근육이 놀랐다.

* *Strain the pasta and set it aside.* / 파스타의 물기를 빼서 따로 두세요.

* *The pandemic put a huge strain on the healthcare system.* / 팬데믹이 의료 체계에 큰 부담을 주었다.

[Sam Wilson] Cap. On your left.

STEVE TAKES IN HIS REINFORCEMENTS, THEN STARES OUT AT THANOS.
PAN ACROSS OUR HEROES AS STEVE CALLS MJOLNIR TO HIS HAND.

[Steve] Avengers...assemble.

특별한 단어, 표현 없습니다.

On your left, Avengers assemble 나오는 장면입니다.

GIANT-MAN **SLUGS** A LEVIATHAN IN THE JAW.

116. slug

사용되는 분야에 따라 여러 의미를 가집니다. 가장 흔히 쓰이는 5가지 뜻은 다음과 같습니다.

1) IT 및 웹(URL 슬러그) 웹사이트 주소에서 특정 페이지를 식별하기 위해 붙는 읽기 쉬운 주소 뒷부분을 말합니다.
2) 민달팽이나 민달팽이처럼 동작이 굼뜨거나 게으른 상태를 표현하기도 합니다.
3) 기사나 잡지 원고에 붙이는 짧은 임시 제목을 뜻합니다.
4) 물리나 군사 측면에서, 산탄총에서 사용하는 슬러그탄(단일 덩어리로 된 큰 총알), 질량 단위(약 14.59kg), 금속 덩어리 등 의미합니다.

5) 동사로 강타하다, 야구공을 세게 치다, 주먹으로 강하게 때리는 행위를 뜻합니다. 예문은 이 뜻으로 사용되었습니다.

> SUDDENLY, EVERYTHING GOES SILENT. ROCKET PEERS OUT FROM COVER TO SEE…THE CANNONS **SWIVELING UP** TOWARD THE CLOUDS.

117. swivel

캐롤 댄버스 등장 장면이네요. 기본적으로 '특정한 축을 중심으로 회전하다' 또는 '회전시키는 장치'를 뜻하며, 사용되는 분야에 따라 다음과 같이 쓰입니다.

(고정된 축을 중심으로) '몸이나 물체를 빙글 돌리다', '회전하다'라는 뜻입니다.

* _She swiveled her chair to face the window._ / 그녀는 창문을 향해 의자를 돌렸다.

확장 keep your head on a swivel

머리를 계속 돌려라, 즉 주변 상황을 예의주시하며 방어 태세를 갖추거나 경계하라는 뜻으로 스포츠나 군사 상황에서 자주 쓰입니다.

> SUDDENLY, THE COMET **VEERS**… RIGHT TOWARD THE SHIP.

118. veer

주로 '갑자기 방향을 바꾸다'라는 뜻으로 쓰이며, 물리적인 이동뿐만 아니라 생각이나 대화의 흐름이 바뀔 때도 사용됩니다.

1) 주로 자동차, 배, 비행기 등이 가던 길에서 급격히 방향을 틀거나 항로를 이탈할 때 사용합니다.

2) 대화의 주제, 의견, 감정 등이 다른 방향으로 바뀔 때 비유적으로 쓰입니다.

* *The car veered off the road.* / 자동차가 도로 밖으로 확 꺾였다.

* *The conversation veered onto the subject of money.* / 대화가 돈 이야기로 흘러갔다.

> CAROL GLOWS BRIGHTER AS SHE GOES **BINARY**, ROCKETING AGAIN THROUGH THE HULL. BOOM! THE SHIP **LISTS**, ENGINE EXPLODING.

119. binary

'두 개로 이루어진' 또는 '이진법의'라는 뜻을 가지고 있습니다. 영화 예문에서는 테서랙트(스페이스 스톤)의 에너지를 폭발적으로 끌어다 쓸 때 머리카락이 불꽃처럼 휘날리고 온몸에서 눈부신 빛이 나는 모습으로 구현되었습니다.

120. list

배가 좌현(port) 또는 우현(starboard)으로 기우는 것을 말합니다. 동사로도 쓰이고 명사로도 쓰입니다. 'The ship has a list' 또는 'The ship is listing'이라고 하면 배가 균형을 잃고 비스듬히 기울어 위험한 상태임을 나타냅니다.

바람이나 파도 같은 외부의 힘이 아니라 내부적인 무게 불균형이나 침수로 인해 한쪽으로 지속적으로 기울어져 있는 상태를 뜻합니다.

확장 배가 흔들리는 모양은 움직이는 방향과 원인에 따라 다르게 표현됩니다. 주요 표현 4가지는 다음과 같습니다.

rolling과 pitching은 배의 동적인 흔들림을 뜻합니다. rolling(횡동)은 배가 좌우(옆)로 흔들리는 현상입니다. 파도를 옆에서 맞을 때 주로 발생하며, 멀미를 유발하는 가장 큰 원인이기도 합니다. pitching(종동)은 배의 앞부분(선수)과 뒷부분(선미)이 위아래로 널뛰듯 흔들리는 현상입니다. 파도를 정면으로 타고 넘을 때 발생합니다.

heeling과 listing은 배가 한쪽으로 기울어진 상태를 뜻합니다. heeling은 외력(바람, 파도, 급선회 등)에 의해 일시적으로 기우는 것입니다. 예를 들어, 돛단배가 강한 바람을 맞아 옆으로 슥 기울었다가 바람이 잦아들면 다시 돌아오는 상태를 말합니다. listing은 배 내부의 문제(화물 쏠림, 침수, 평형수 불균형 등)로 인해 지속적으로 기우는 것입니다. 외력이 없어도 배 자체가 비대칭이 되어 기울어 있는 위험한 상태를 의미하는 경우가 많습니다.

> TONY **LUNGES** FOR THE GAUNTLET IN THANOS'
> HAND, **NANO-CLAMPING IT IN A VISE**. THANOS
> KNOCKS HIM ASIDE.
>
> HE LIFTS HIS HAND IN THE AIR, TRIUMPHANT.
>
> [Thanos] I am...inevitable.
> [Tony] I...am Iron Man.

121. lunge

사람이나 동물이 무언가를 잡기 위해, 혹은 공격하기 위해 갑자기 앞으로 몸을 던지는 동작을 말합니다.

122. in a vise

예문의 nano-clamping it in a vise는 타노스가 건틀릿을 끼고 있을 때, 토니의 나노 수트 입자들이 타노스의 손을 꽉 잡은 상황입니다.

'바이스에 물린 듯한' 또는 '압박감에 짓눌린'이라는 뜻입니다. 바이스 (vise)는 공작물을 꽉 끼워 고정하는 공구인데, 이도구의 특성에서 유래하여 크게 두 가지 상황에서 쓰입니다.

1) 꽉 조여진. 어떤 물체나 신체 부위가 강력한 힘으로 꼼짝달싹 못 하게 잡혀 있는 상태를 말합니다.

2) 강한 압박. 어려운 상황이나 두 가지 힘 사이에 끼어 어찌할 줄 모르는 압박감을 느낄 때 사용합니다.

He held my hand in a vise. / 그가 내 손을 바이스로 쥔 듯 꽉 잡았다.

Small businesses are caught in a vise between rising raw material costs and falling consumer demand. / 원자재 가격 상승과 소비 수요 감소라는 진퇴양난의 위기 속에 소상공인들이 끼어 있다.

예문의 nano-clamping it in a vise는 타노스가 건틀릿을 끼고 있을 때, 토니의 나노 수트 입자들이 타노스의 손을 꽉 잡은 상황입니다.

[Tony] What am I even **trippig** for? Everthing is going to work out exactly the way it's supposed to.

HOLO TONY seems to look out at the gathered heroes...and Morgan in particular.

[Tony] I love you 3000.

---

123. trip

속어(slang)로 쓰이는 'You're tripping'은 상대방이 말도 안 되는 소리를 하거나, 상황에 맞지 않게 오버할 때, 혹은 착각하고 있을 때 주로 사용합니다.

예문의 'What am I even tripping for?'는 '내가 지금 뭔 소릴 하는 거야?' 정도로 해석됩니다.

* *I can finish this 10-page report in 30 minutes. Stop tripping. You haven't even started the first page.* / 그만 좀 웃겨(헛소리 마). 첫 페이지도 시작 안 했잖아.

* *Are you tripping?* / 너 지금 제정신이야?

* *Stop tripping.* / 헛소리 좀 그만해.

> [Smart Hulk] Remeber, you'll have to return the stones to the exact moment they were taken. Otherwise, we're still looking at a whole bunch of nasty alternate realities.
>
> [Steve] Got it. **I'll clip all the branches**.

124. clip all the branches

'곁가지를 다 쳐내다'는 뜻인데, 예문에서는 스톤들을 원래 자리로 돌려 놓아 다른 현실들이 생기는 것을 막겠다는 뜻입니다.

> [Sam Wilson] Only thing **bumming me out** is now I live in a world without Captain America.

125. bum me out

'기분 잡치게 하다', '우울하게 만들다', 혹은 '맥 빠지게 하다'라는 뜻의 매우 캐주얼한 표현입니다.

둘.
「I have a dream」 반복과 변주

마틴 루터 킹 주니어 목사의 'I have a dream' 연설은 1963년 8월 28일 미국 워싱턴 D.C. 링컨 기념관에서 행해진 현대사에서 가장 영향력 있는 연설 중 하나입니다.

링컨의 노예 해방 선언, 미국 독립선언서, 성경 등을 인용하여 인권 운동의 정당성을 강조했고, 미국이 흑인 시민들에게 약속했던 '자유와 평등'이라는 수표가 지급 거절된 상태임을 지적하며, 이제 그 권리를 찾아야 한다고 주장했습니다. 변화를 위한 투쟁이 결코 폭력적으로 변해서는 안 되며, 높은 도덕적 수준을 유지해야 함을 역설했습니다. '나의 네 아이가 피부색이 아닌 인격의 내용으로 평가받는 나라에서 살게 되는 날'을 포함하여, 인종을 초월한 형제애와 평화로운 공존의 비전을 제시했습니다.

성문종합영어 장문 독해에도 연설문 일부가 발췌되어 수록되어 있습니다. 각 단락에서는 핵심적인 어구를 반복적으로 사용하여 내용을 강조하면서, 각각 반복되는 내용에 작은 변주를 주어 뻔함과 지루함을 피하고 있습니다.

첫 문단에서는 'came as'를 사용해 100년 전의 중요한 성취를 설명하고,

두 번째 문단에서는 'one hundred years later'를 사용해 개선되지 않고 있는 현 상황을 반복적으로 이야기합니다. 세 번째 문단에서는 'refuse to, have come to, now is the time to'를 순차적으로 사용해 현재의 결의와 각오를 표현하고, 네 번째 문단에서는 'can never be satisfied as long as'를 반복적으로 사용해 현재까지 이어지고 있는 부조리를 역설합니다. 마지막 문단에서는 'I hava a dream that와 with this faith'로 시작되는 문장들에 꿈과 비전을 담습니다.

영어든 한국어든 좋은 문장은 반복을 허락하지 않습니다. 문장의 틀은 반복하되, 내용에는 변주를 주면서, 시처럼 문장의 균형과 운율을 맞춥니다.

'One hundred years later, the life of the Negro is still sadly crippled by the manacles of segregation and the chains of discrimination.' 앞 문장은 'by the manacles of segregation and the chains of discrimination'으로 깔끔하게 마무리됩니다.

머리에 담아두고, 필요할 때마다 끄집어내어 활용할 만한 아름다운 텍스트인 것 같습니다.

I am happy to join with you today in what will go down in history as the greatest demonstration for freedom in the history of our nation.

001. came as···

Five score years ago, a great American, in whose symbolic shadow we stand today, signed the Emancipation Proclamation. This momentous decree **came as** a great beacon light of hope to millions of Negro slaves who had been seared in the flames of withering injustice. It **came as** a joyous daybreak to end the long night of their captivity.

002. one hundred years later···

But one hundred years later, the Negro still is not free. **One hundred years later**, the life of the Negro is still sadly crippled by the manacles of segregation and the chains of discrimination. **One hundred years later**, the Negro lives on a lonely island of poverty in the midst of a vast ocean of material prosperity. **One hundred years later**, the Negro is still languished in the corners of American society and finds himself an exile in his own land. And so we've come here today to dramatize a shameful condition.

003. Refuse to⋯, have come to⋯, now is the time to⋯

But we **refuse to** believe that the bank of justice is bankrupt. We **refuse to** believe that there are insufficient funds in the great vaults of opportunity of this nation. And so, **we've come to** cash this check, a check that will give us upon demand the riches of freedom and the security of justice.

We have also **come to** this hallowed spot to remind America of the fierce urgency of Now. **This is no time to** engage in the luxury of cooling off or to take the tranquilizing drug of gradualism. **Now is the time to** make real the promises of democracy. **Now is the time to** rise from the dark and desolate valley of segregation to the sunlit path of racial justice. **Now is the time to** lift our nation from the quicksands of racial injustice to the solid rock of brotherhood. **Now is the time to** make justice a reality for all of God's children.

004. Can never be satisfied as long as ⋯

There are those who are asking the devotees of civil rights, "When will you be satisfied?" We **can never be satisfied as long as** the Negro is the victim of the unspeakable horrors of police brutality. We can never be satisfied as long as our bodies, heavy with the fatigue of travel, cannot gain lodging in the motels of the highways and the hotels of the cities. We **cannot be satisfied as long as** the negro's basic mobility is from a smaller ghetto to a larger one. We can **never be satisfied as long as** our children are stripped of their self-hood and robbed of their dignity by signs stating: "For Whites Only." We

cannot be satisfied as long as a Negro in Mississippi cannot vote and a Negro in New York believes he has nothing for which to vote. No, no, we are not satisfied, and we will not be satisfied until "justice rolls down like waters, and righteousness like a mighty stream."

005. I have a dream that …

And so even though we face the difficulties of today and tomorrow, **I still have a dream**. It is a dream deeply rooted in the American dream.

I have a dream that one day this nation will rise up and live out the true meaning of its creed: "We hold these truths to be self-evident, that all men are created equal."

I have a dream that one day on the red hills of Georgia, the sons of former slaves and the sons of former slave owners will be able to sit down together at the table of brotherhood.

I have a dream that one day even the state of Mississippi, a state sweltering with the heat of injustice, sweltering with the heat of oppression, will be transformed into an oasis of freedom and justice.

I have a dream that my four little children will one day live in a nation where they will not be judged by the color of their skin but by the content of their character.

I have a dream today!

I have a dream that one day, down in Alabama, with its vicious racists, with its governor having his lips dripping with the words of "interposition" and "nullification" one day right there in Alabama little black boys and black girls will be able to join hands with little white boys and white girls as sisters and brothers.

I have a dream today!

I have a dream that one day every valley shall be exalted, and every hill and mountain shall be made low, the rough places will be made plain, and the crooked places will be made straight; "and the glory of the Lord shall be revealed and all flesh shall see it together."

006. With this faith …

This is our hope, and this is the faith that I go back to the South with.

With this faith, we will be able to hew out of the mountain of despair a stone of hope. **With this faith**, we will be able to transform the jangling discords of our nation into a beautiful symphony of brotherhood. **With this faith**, we will be able to work together, to pray together, to struggle together, to go to jail together, to stand up for freedom together, knowing that we will be free one day.

셋.
『The Great Gatsby』 음미하기
heightened sensitivity to the promises of life

『위대한 개츠비(The Great Gatsby)』는 1925년 스콧 피츠제럴드가 발표한 미국 근대 문학의 상징적인 걸작입니다.

1차 세계대전 직후, 경제적 호황과 도덕적 타락이 공존하던 1920년대 미국 뉴욕을 배경으로 합니다. 화자인 닉 캐러웨이의 시선을 통해 베일에 싸인 백만장자 제이 개츠비의 비극적인 사랑과 몰락을 그립니다.

1920년대 미국 광란의 20년대(Roaring Twenties)를 가장 생생하게 묘사했고, '아메리칸 드림'에 대해 날카롭게 통찰했으며, 다양한 상징의 장치들을 아름다운 문체로 그려내고 있습니다.

2013년에 레오나르도 디카프리오 주연으로 리메이크되었지만, 로버트 레드퍼드 주연의 1974년 작이 원작의 고전적인 분위기를 보다 충실히 담아낸 것 같습니다.

깊이나 활용도 등을 고려해 외워 두고 음미할 만한 대표적인 문장들을 추려봤습니다.

① In my younger and more vulnerable years my father gave me some advice that I've been turning over in my mind ever since.

"Whenever you feel like criticizing any one," he told me, "just remember that all the people in this world haven't had the advantages that you've had."

소설의 첫 문장으로 소설 전체의 분위기와 화자인 '닉 캐러웨이'의 성격을 보여 줍니다.

② The abnormal mind is quick to detect and attach itself to this quailty when it appears in a normal perosn, and so it came about that in college I was unjustly accused of being a politician, because I was privy to the secret griefs of wild, unknown men. **Most of the confidences were unsought—frequently I have feigned sleep, preoccupation, or a hostile levity when I realized by some unmistakable sign that an intimate revelation was quivering on the horizon; for the intimate revelations of young men, or at least the terms in which they express them, are usually plagiaristic and marred by obvious suppressions. Reserving judgement is a matter of infinite hope.** I am still a little afraid of missing something if I forget that, as my father snobbishly suggested, and I snobbishly repeat, a sense of the fundamental decencies is parcelled out unequally at birth.

아주 긴 호흡의 문장이고, 위대한 개츠비 서문의 핵심입니다. 화자인 닉 캐러웨이의 복합적인 내면과 피츠제럴드 특유의 세련된 문체가 잘 드러납니다.

③ **If personality is an unbroken series of successful gestures, then there was something gorgeous about him, some heightened sensitivity to the promises of life**, as if he were related to one of those intricate machines that register earthquakes ten thousand miles away.

화자인 닉 캐러웨이가 제이 개츠비(Jay Gatsby)라는 인물을 처음으로 묘사하는 장면입니다.

④ **He had one of those rare smiles with a quality of eternal reassurance in it**, that you may come across four or five times in life. It faced, or seemed to face, the whole external world for an instant and then concentrated on you with an irresistible prejudice in your favor. It understood you just as far as you wanted to be understood, believed in you as you would like to believe in yourself.

이 문장은 닉 캐러웨이가 개츠비를 직접 대면했을 때 느낀 강렬한 첫인상을 묘사한 대목으로, 개츠비라는 인물이 가진 거부할 수 없는 매력과 그 이면의 공허함을 동시에 보여줍니다.

⑤ High over the city our line of yellow windows must have contributed their share of human secrecy to the casual watcher in the darkening streets, **and I was him too, looking up and wondering. I was within and without, simultaneously enchanted and repelled by the inexhaustible variety of life.**

이 문장은 닉 캐러웨이가 뉴욕의 아파트 파티에서 술에 취해 창밖을 내다보며 느낀 극도의 소외감과 이중적인 심리를 포착한 대목입니다.

⑥ He stretched out his arms toward the dark water in a curious way, and, far as I was from him, **I could have sworn he was trembling. Involuntarily I glanced seaward—and distinguished nothing except a single green light, minute and far away, that might have been at the end of a dock.**

개츠비가 그토록 닿고 싶어 하는 이상향을 상징하는 'green light'에 대한 묘사입니다.

⑦ **But above the grey land and the spasms of bleak dust which drift endlessly over it, you perceive, after a moment, the eyes of Doctor T. J. Eckleburg.** The eyes of Doctor T. J. Eckleburg are blue and gigantic—their retinas are one yard high. They look out of no face, but, instead, from a pair of enormous yellow spectacles which pass over a non-existent nose. Evidently some wag of an oculist set them there to fatten his practice in the borough of Queens, and then sank down himself into eternal blindness, or forgot them and moved away. **But his eyes, dimmed a little by many paintless days under sun and rain, brood on over the solemn dumping ground.**

이 문장은 소설에서 가장 강력하고 기괴한 상징 중 하나인 'T. J. 에클버그 박사의 눈'을 묘사하고 있습니다. 이 눈은 소설의 도덕적 배경을 형성하는 핵심 장치입니다.

⑧ **The valley of ashes is bounded on one side by a small foul river, and when the drawbridge is up to let barges through, the passengers on waiting trains can stare at the dismal scene for as long as half an hour.** There is always a halt there of at least a minute and it was because of this that I first met Tom Buchanan's mistress.

'재의 골짜기(The Valley of Ashes)'라는 암울한 공간과 그곳에 거주하는 인물인 머틀 윌슨(톰의 정부)을 연결하는 대목입니다.

⑨ There was music from my neighbor's house through the summer nights. **In his blue gardens men and girls came and went like moths among the whisperings and the champagne and the stars.**

개츠비의 파티가 가진 환상적이고 몽환적인 분위기를 피츠제럴드 특유의 서정적인 언어로 묘사한 대목입니다.

⑩ Gatsby believed in the green light, the orgastic future that year by year recedes before us. It eluded us then, but that's no matter— tomorrow we will run faster, stretch out our arms farther...... And then one fine morning—

So we beat on, boats against the current, borne back ceaselessly into the past.

소설의 대미를 장식하는 이 문장은 인간의 욕망과 과거의 굴레를 가장 아름답게 통찰한 구절로 꼽힙니다.